INGMAR VRIESEMA

Geschwister berühmter Menschen

INGMAR VRIESEMA

Geschwister berühmter Menschen

Aus dem Niederländischen
von Katharina Blansjaar

KEIN & ABER

Die Originalausgabe erschien 2011 unter dem Titel
Het beroemde broer & zus boek bei Uitgeverij Thomas Rap, Amsterdam
Copyright © 2011 by Ingmar Vriesema

Diese Ausgabe ist eine gekürzte Version der Originalausgabe.
Quellenangaben und Bildnachweise befinden sich
im Anhang des Buchs.

Für die freundliche Unterstützung der Übersetzung dankt der Verlag
der niederländischen Stiftung für Literatur.

Deutsche Erstausgabe
Alle Rechte vorbehalten
Copyright © 2016 by Kein & Aber AG Zürich – Berlin
Gestaltung und Satz: Carla Schmid
Druck und Bindung: CPI – Ebner & Spiegel, Ulm
ISBN 978-3-0369-5742-5
Auch als eBook erhältlich

www.keinundaber.ch

INHALT

3 DIE NUTZNIESSER

4 DIE VORBILDER

5 DIE VERTRAUTEN

VORWORT

Adolf Hitler hatte eine Schwester?« – »Echt, Madonna hat einen Bruder? Und Salvador Dalí hatte auch einen?«

Dies waren die häufigsten Reaktionen, wenn ich von diesem Buch erzählte. Es sind bemerkenswerte Reaktionen, denn so überraschend ist es nicht, dass jemand einen Bruder oder eine Schwester hat. Auf der Welt gibt es bestimmt hundertachtzig Länder, in denen Mütter im Durchschnitt gut anderthalb Kinder bekommen. Auf der Erde wimmelt es nur so von Brüdern und Schwestern.

Woher also kommt das Staunen über die Tatsache, dass auch weltberühmte Menschen Geschwister haben? Offenbar bringen wir weltberühmte Menschen eher mit ihrem Ruhm in Verbindung als mit ihren Blutsverwandten. Adolf Hitler, Salvador Dalí und Madonna sind vor allem bekannte Marken. Erst in viel späterer Instanz sehen wir sie als Menschen, die wie Sie und ich einen Bruder oder eine Schwester haben können.

Warum eigentlich? Was macht Weltberühmtheiten anders?

Ich spreche absichtlich von *Welt*ruhm: Menschen, deren Bekanntheit über die Grenzen des Normalen hinausgewachsen ist. Wolfgang Amadeus Mozart, Winston Churchill, Albert Einstein, Madonna. Ihre Bekanntheit ist so groß, dass das Medieninteresse an diesen Menschen sich selbst rechtfertigt: Man interessiert sich für sie, weil man sich nun mal für sie interessiert.

»Ikonen«, so nennt man diese Menschen auch. Das Wort verwies ursprünglich auf die Abbildung von Jesus Christus und anderen christlichen Heiligen. Gibt man bei Google »eine Ikone« ein, erscheinen auf dem Bildschirm Fotos von Kermit dem Frosch und Miss Piggy, von einer Barbiepuppe und von Marilyn Monroe.

Berühmtheiten, das ist schon oft gesagt worden, sind unsere säkularen Götter. Der niederländische Soziologe Abram de Swaan beschrieb dies treffend in seinem Essay *Warum Ruhm?* (1969): »In dem Maße, wie die Götter immer weniger und immer strenger wurden, die Könige an Macht verloren und die Heiligen an Anhängern, verschwanden die vertrauten Figuren von der Erde. Doch noch immer ist die Welt weit, um sie zu überblicken, und ohne Stützen für das Vorstellungsvermögen. Also gibt es neue Figuren, um das Weltbild zu füllen.«

Diese neuen Figuren, die Superstars mit Heiligenstatus, befriedigen ein Bedürfnis nach Halt. Dieses Bedürfnis ist so groß, dass es überhaupt nichts ausmacht, wie die Berühmtheit ihren göttlichen Status erreicht hat. Selbstverständlich wäre Albert Einstein nie weltberühmt geworden, wäre er kein außerordentlicher Naturwissenschaftler gewesen, und Maria Callas verdankt ihre Bekanntheit zuallererst ihrem Gesangstalent. Man kann aber auch »ikonisch« werden aus dem einfachen Grund, dass das Publikum einen gern als Ikone sieht. Lady Gaga ist vor allem deshalb eine Ikone, weil sie außerordentlich talentiert darin ist, Lady Gaga zu sein. Oder man denke an Paris Hilton. Auch für ihren Ruhm gibt es nicht wirklich objektive oder rationale Erklarungen. Sie ist einfach berühmt. Basta.

Noch etwas ist bemerkenswert: Das Bedürfnis nach göttlichem Halt ist größer als das Bedürfnis, diese Superstars auch wirklich zu kennen. Was weiß denn ein durchschnittlicher Mensch schon von diesen Ikonen?

Albert Einstein? Explodiertes Haar, Schnurrbart und E = mc². Winston Churchill? Kriegsheld, tischt aus dem Zigarrenrauch heraus prächtige Zitate auf. Mick Jagger? Rolling Stones, *Angie* und ein großer Mund. Wie berühmt diese Ikonen auch sein mögen, die Mehrheit des Weltpublikums gibt sich mit einer Karikatur zufrieden.

Durch den Mechanismus des Weltruhms stehen die Geschwister doppelt und dreifach im Schatten. Das Publikum hat ein Bedürfnis nach göttlichen Stars, nicht nach Sterblichen mit Fleisch, Knochen und Blutsverwandten. Nicht ohne Grund lesen sich die Namen dieser Geschwister zuallererst wie eine schlechte Parodie auf eine bekannte Marke: Maja Einstein, Chris Jagger, Jack Churchill, Juanita Castro, Paula Hitler.

Daher dieses Buch. Denn Tatsache ist, dass es diese Geschwister tatsächlich gibt oder gab. Mehr noch, sie haben zur Bildung der Persönlichkeiten

»unserer« Ikonen beigetragen. Die Identität eines Individuums ist nun einmal nicht unabhängig von jener seines Bruders oder seiner Schwester. Von klein auf haben Geschwister einander am Hals. Der eigene Bruder oder die eigene Schwester ist meist die erste Person, gegen die ein Mensch sich zur Wehr setzt.

Dieses Buch, das sich aus vierunddreißig Porträts von unbekannten Brüdern oder Schwestern von weltberühmten Menschen zusammensetzt, handelt daher ebenso von den Berühmtheiten selbst. Hinter *einer* ikonischen Marke verstecken sich zwei Menschen.

Wie stark der Ruhm sich auch auf all diese Geschwisterbeziehungen auswirken mag, so zeichnen sie sich dennoch durch universelle Verhaltensweisen und Gefühle aus. Von Eifersucht bis Freundschaft, von Rivalität bis Imitation, von Streit bis Bewunderung. Der Ruhm treibt diese Gefühle und Verhaltensweisen höchstens auf die Spitze.

Die Porträts sind aufgeteilt in fünf Kategorien, die – auch wenn dabei der Wirklichkeit Gewalt angetan wird – jenes Merkmal der Geschwisterbeziehungen herausgreifen, das am meisten ins Auge springt. Das Kapitel »Die Rivalen« handelt von Menschen, die mit ihren berühmten Geschwistern konkurrieren, da sie eine ähnliche Tätigkeit ausüben. »Die Gegenpole« sind Geschwister, die sich wie Tag und Nacht voneinander unterscheiden. Das Kapitel »Die Nutznießer« handelt von Geschwistern, die aus dem Ruhm ihrer Geschwister einen persönlichen Gewinn zu schlagen versuchen. »Die Vorbilder« behandelt Geschwister, die ihrem berühmten Familienmitglied als Inspirationsquelle oder leuchtendes Beispiel gedient haben. Das letzte Kapitel, »Die Vertrauten«, handelt von Geschwistern, die – trotz oder gerade wegen des Ruhms – noch enger aneinandergerückt sind.

Immer geht es in den Porträts um einen unbekannten Bruder oder eine unbekannte Schwester. Wenn er oder sie überhaupt bekannt ist, dann als »Bruder oder Schwester von«. Das beste Beispiel dafür ist vielleicht der Schwede Emil Nobel. Er ist so unbekannt, dass sogar in diesem Buch ein vollständiges Porträt von ihm fehlen muss. Sein Bruder Alfred erfand das Dynamit, hatte dreihundertfünfundfünfzig Patente auf seinen Namen lauten und wurde ein steinreicher Unternehmer. Es zeigte sich allerdings, dass Dynamit nicht nur zum Bau von Minen und Tunneln, sondern auch zum Beseitigen von Mitmenschen eingesetzt wurde. So bekam Alfred den Ruf, ein »Händler des Todes« zu sein. Um diesen Namen vergessen zu machen, rief Alfred die Nobelpreise ins Leben. Die Mission ist ihm gelungen: Nobel ist überall auf der Welt eine bärenstarke Marke. Nicht wegen Alfreds tödlicher Sprengstoffe, sondern wegen seiner Preise.

Es macht das Schicksal seines Bruders besonders tragisch: Emil Nobel kam mit einundzwanzig Jahren bei einer Explosion in Alfreds Sprengstofffabrik in Stockholm ums Leben.

Dieses Buch ist darum diesem jüngeren Nobel gewidmet, der ultimativen Verkörperung der unbekannt gebliebenen Geschwister.

1

Die Rivalen

*E*s ging schon bei den Kindern von Adam und Eva schief. Kain ermordete seinen Bruder Abel aus Eifersucht, weil dessen Opfer von Gott vorgezogen wurde. Ebenfalls biblischen Ursprungs ist die Geschichte von Jakob, der mit einer List seinen älteren Zwillingsbruder Esau seiner Rechte als Erstgeborener beraubte und so der dritte Erzvater von Israel wurde. Und Jakobs Sohn Josef, heutzutage auch bekannt aus Andrew Lloyd Webbers Musical *Joseph and the Amazing Technicolor Dreamcoat*, wurde von seinen Brüdern so sehr gehasst, dass sie ihn in einen Brunnen warfen und später als Sklaven verkauften. Rivalität unter Geschwistern ist weitverbreitet.

Im Tierreich geht es ums reine Überleben. In der Gebärmutter der amerikanischen Gabelhornantilope rechnet ein Embryo mit dem anderen ab, indem er ein messerscharfes Unterleibchen entwickelt, mit dem er sein Geschwisterchen durchbohrt. Ein Sandhai-Embryo ist von klein auf mit einem Gebiss ausgerüstet, um pränatal um die siebzehntausend Geschwister herunterzuschlucken. *Siblicide* erster Güte.

Ist man einmal geboren, ist das noch kein Grund zur Freude. Vor allem dann nicht, wenn man ein Silberreiher ist, der einen Tag oder zwei nach den Geschwisterchen aus dem Ei schlüpft. Der jüngste Silberreiher ist meist sofort an den Kopfwunden, kahlen Stellen und Blutergüssen zu erkennen, die ihm durch die Schnabelstiche der älteren Geschwister beigebracht wurden. Manchmal springt der kleine Reiher freiwillig aus dem Nest, in der Hoffnung auf ein besseres Leben.

Bei den Galapagos-Seebären darf sich der Wettkampf um die Muttermilch nicht einmal Wettkampf nennen. Der Altersunterschied zwischen den Geschwistern beträgt bis zu einem Jahr, während sich die Stillzeit über Jahre hinzieht. Ein neugeborener Seebär sieht sich also einem gigantischen Bruder gegenüber, der über das Milchmonopol verfügt.

Acht von zehn Nachkommen verhungern innerhalb eines Monats, und auf die anderen beiden wartet meist auch kein langes und glückliches Leben. Eine weitere bekannte Todesursache neben dem Verhungern ist das »Tauziehen«: Der große Bruder packt das eine Ende des Jungen, die beschützende Mutter instinktiv das andere.

Auch bei den afrikanischen Löwen, Präriehunden, Polarfüchsen, Zwergmangusten, Kanadagänsen, Rotfüchsen, Wiesenwühlmäusen, Salamandern, Rotschulterstärlingen, Pfeilgiftfröschen, Honigbienen, Pelikanen, Basstölpeln und Dreizehenmöwen geht es grausam zu. Selbst so manche aus dem Ei geschlüpfte Langschnecke erbeutet die Eier, in denen sich ihre noch trägeren Geschwister befinden.

Bei Menschengeschwistern ist der Kampf meist subtilerer Natur: Wetteifern um elterliche Aufmerksamkeit, Streit bei der Entwicklung einer eigenen Persönlichkeit. Sigmund Freud schrieb 1930 über den »Narzissmus der kleinen Differenzen«. Gerade bei Individuen oder Gruppen, die sich an die eigene Identität schmiegen, fühlt der Mensch die Notwendigkeit, sich zu unterscheiden. So funktioniert es auch bei Ländern: Die Spanier haben als Nachbarn die Portugiesen am Hals, die Engländer die Schotten und Waliser, die Kroaten die Slowenen. In fast jedem Land reißt man Witze über die dümmlichen Nachbarn: scherzhaft gemeint, aber zugleich Ausdruck eines ernst zu nehmenden Unterscheidungsdrangs.

Auch innerhalb von Familien ist dieser Drang groß. Die Familie steht ohnehin im Widerspruch zum Bestehen eines Individuums, und für Geschwister gilt das auf extreme Weise. Man hat die Hälfte ihrer Gene, man wächst zusammen auf, teilt manchmal dasselbe Zimmer, auf jeden Fall dieselbe Toilette, und im ungünstigsten Fall hat man auch noch die gleiche schiefe Nase. Um sich zu unterscheiden, suchen Geschwister eine eigene Nische, ein Territorium, das ihnen »gehört«. Frank Sulloway, ein bekannter Forscher im Gebiet der Geschwisterbeziehungen, erwähnt in seinem Buch *Der Rebell der Familie* das Beispiel des viermaligen US-Präsidentschaftskandidaten (1996 – 2008) Ralph Nader. Er und seine drei Geschwister wollten allesamt Sprach- und Kulturwissenschaften studieren und teilten die Welt untereinander auf: Der ältere Bruder konzentrierte sich auf Nordamerika, die ältere

Schwester nahm den Mittleren Osten, die jüngere Mittel- und Südamerika, und Ralph Nader selbst verlegte sich auf den Fernen Osten.

Dass ein direkter Geschwisterkampf so strategisch vermieden wird, ist selten. Vielmehr gibt es eine Unmenge an Beispielen von berühmten Geschwisterpaaren mit dem gleichen Beruf, von den Tennis spielenden Williams-Schwestern und den Schach spielenden Polgár-Schwestern bis hin zu den singenden Bee Gees. Denn man kann das Ganze auch umdrehen: Muss man Tennis, Schach oder Singen links liegen lassen, einzig und allein weil ein Bruder oder eine Schwester diese Nische besetzt?

Nein, sagen viele Geschwister, die sich sodann im gleichen Feld betätigen wie ihr Bruder oder ihre Schwester. Mit einem großen Risiko: dass der Bruder oder die Schwester brilliert und man selbst im Schatten steht. Dass man ein mittelmäßiger Fußballer wird und der Bruder der neue Pelé. Dass man eine ordentliche Sängerin wird und die Schwester ein Weltstar. Man selbst ein anständiger Musiker und der Bruder ein Gitarrengott.

Was dann?

CHRIS JAGGER

*I*m Jahr 1955, als Chris Jagger sieben Jahre alt war, schrieb er in sein Schulheft für das Fach Englisch: »Ich will Sänger werden, Wettläufer oder Kabarettist.« Dieser Gesangswunsch wurde zu einer ziemlichen Bürde, als sein viereinhalb Jahre älterer Bruder Michael Philip, alias Mick, 1962 eine Musikgruppe gründete, die zur größten Rockband aller Zeiten werden sollte.

Ende der Sechzigerjahre stand der gerade volljährig gewordene Chris Jagger also vor einer lästigen Frage: Wie werde ich Sänger und vermeide dabei, für immer im Schatten meines großen Bruders zu stehen?

Chris Jagger machte die Probe aufs Exempel. Zu Beginn der Siebzigerjahre veröffentlichte er zwei Rhythm-and-Blues-Platten. Sie floppten beide. Chris

Jagger verlegte seinen Fokus: Nachdem er sich zuvor bereits als Modedesigner und Schauspieler betätigt hatte, wurde er freier Journalist. Die Musik wurde zur Teilzeitbeschäftigung. Er heiratete, bekam Kinder und ließ sich mit seiner Familie in der englischen Provinz nieder.

Doch die Musik ließ ihn nicht los. In den Achtzigerjahren beteiligte er sich als Texter an den Stones-Alben *Dirty Work* und *Steel Wheels*. 1994 – er ging inzwischen auf die fünfzig zu – fand er schließlich seine Bestimmung: Chris Jagger gründete Atcha!, eine Band mit einer Vorliebe für Zydeco: Volksmusik, die unter dem Einfluss der französischsprachigen Einwohner von Louisiana entstand. Verwandt mit dem Blues, aber doch eine eigenständige Musikrichtung. Über das 1996 erschienene Album *Rock the Zydeco* sagte Chris Jagger: »Es ist zumindest ein Territorium, das nicht von meinem Bruder abgedeckt wird.«

Das Territorium von Chris Jagger besteht aus Akkordeons, Orgeln, Geigen und dem traditionellen Zydeco-Waschbrett, das er während seiner Auftritte wie ein Kettenhemd über seinem Rumpf drapiert. In Interviews betont er, dass das Akustische eine

ICH KONNTE IMMER TUN, WAS ICH WOLLTE.

Chris Jagger

angenehme Abwechslung zum elektrischen Lärm ist. »Rockmusik kommt aus Maschinen. Aber es gibt im Leben eines Menschen schon genug Maschinen. Als Antwort auf das moderne, städtische Leben ist so eine Geige etwas sehr Natürliches.« Auf dem Album *Act of Faith* aus dem Jahr 2006 beziehen Chris Jagger & Co. in den Songs *15 % extra free!* und *It's amazing (what people throw away)* Stellung gegen die westliche Konsumgesellschaft.

Chris Jagger lebt auch selbst in ökologischer Hinsicht vorbildlich. Auf seinem Bauernhof im englischen Somerset baut er sein eigenes Gemüse an. Nicht zuletzt, so gibt er zu, weil es Geld spart. Denn sosehr seine exotisch-akustische Musiknische ihm dabei hilft, sich vom elektronisch angetriebenen Rock seines Bruders Mick zu unterscheiden, reich wird Chris Jagger davon nicht. Es hört nun einmal niemand Zydeco. Der Vorteil: Auch die kommerzielle Chancenlosigkeit ist typisch für das Mick-freie Territorium – die ungeordneten Auftritte in Cafés und das knappe Trinkgeld im Gegensatz zu den streng inszenierten Tourneen der Rolling Stones, bei denen sich, so Chris Jagger im Jahr 2006, »alles nur ums Geld dreht«.

Der Ruhm habe auch künstlerische Nachteile, sagte Chris Jagger der britischen Zeitung *The Independent*. »Die Rolling Stones sind eine Marke, und daran sind sie gebunden. Ich hatte immer mehr Freiheit und konnte tun, was ich wollte. Stellt Mick Jagger vor ein Publikum, und man wird ihn bitten, *Jumpin' Jack Flash* zu singen.«

Chris' Abgrenzungswut mag nach Eifersucht aussehen. Tatsache ist aber, dass die Brüder sich hervorragend verstehen. Mick Jagger unterstützt die Musikkarriere seines kleinen Bruders von Herzen. Der große Bruder singt auf zwei Nummern des Albums *Concertina Jack* mit, das Atcha! Ende 2013 veröffentlichten. Und auf YouTube ist zu sehen, wie der weltberühmte Sänger 2007 unangekündigt die Bühne eines Londoner Pubs betrat, in dem Chris mit seiner Band einen Auftritt hatte. Zusammen sangen die Brüder die Stones-Nummer *Dead Flowers* – ihr erster gemeinsamer Live-Auftritt. Chris Jagger an der akustischen Gitarre, Mick Jagger die Hand locker auf dem Mikrofon. Plötzlich hatte das Cafépublikum einen Grund, die Mobiltelefone hervorzuholen. Ein Superstar auf der Bühne! So viele YouTube-Hits hatte Chris Jagger noch nie gehabt.

PIPPA MIDDLETON

*E*s klingt nach einer ziemlich undankbaren Aufgabe: Die eigene Schwester heiratet einen Prinzen, und man selbst darf die Schleppe halten. Aber Pippa Middleton – Pip unter Freunden – erkannte ihre Chance, vor den Augen der ganzen Welt zu glänzen. Und sie nutzte sie. Als einzige Teilnehmende der königlichen Vermählung am 29. April 2011 hatte sie die Freiheit, sich den öden Kleidervorschriften zu entziehen. Denn die Braut ist klassisch schön, der Bräutigam erscheint in vollem Ornat, und alle Gäste tragen Anzug oder Hütchen.

Aber was trägt eigentlich die Brautjungfer?

Pippa, an besagtem Tag eindeutig in der Blüte ihres Lebens, trug ein eng anliegendes weißes Kleid, das ihre Figur optimal betonte, und eine weiße Blume im glänzenden braunen Haar. Und so geschah es, dass bei dieser Märchenhochzeit die begehrteste Frau nicht vor der Schleppe lief, sondern dahinter.

Twitter gab angesichts der vielen Tweets über die fabelhafte, sexy Pippa fast den Geist auf. Sogar Teenieidol Justin Bieber twitterte über ihre Schönheit. Auf Facebook wurde eine Fanseite ins Leben gerufen: die »Pippa Middleton Ass Appreciation Society«, die eine Woche nach der Hochzeit über zweihunderttausend Fans zählte. Und die britische Klatschpresse nannte Pippa von nun an »Her Royal Hotness«.

Das alles war kein Zufall. Schon lange vor dem 29. April 2011 war Kates kleine Schwester in Großbritannien als »Perfect Pippa« bekannt, weil sie alles daransetzte, gut auszusehen. Die richtige Frisur, der richtige Teint, die richtige Kleidung. Und bereits 2008 war Pippa gemäß *Tatler*, der Zeitschrift für die britische Upper Class, die »begehrteste Junggesellin«.

Es war alles eine indirekte Folge der Beziehung zwischen Prinz William und Kate, ihrer zwei Jahre älteren Schwester. Diese Beziehung war für Pippa ein Geschenk des Himmels. Sie brachte ihr Bekanntheit und ein riesiges Netzwerk, und das Netzwerken war für Pippa – wie auch einst für Kate – lebenswichtig. Der Networking-Drang der Schwestern hat mit ihrem bescheidenen Hintergrund zu tun: Enkeltöchter eines Minenarbeiters, Töchter einer Ex-Stewardess. Ihre Eltern wurden plötzlich reich, als sich ihr Postversand für Partyartikel als Riesenerfolg herausstellte. Die Aristokratie war endlich in greifbarer Nähe. Mit den neuen Millionen im Rücken machten sich Kate und Pippa, angetrieben durch ihre Mutter, an einen steilen sozialen Aufstieg.

Die Rivalität war kaum zu vermeiden. Zwei schöne Schwestern, zwei Jahre Altersunterschied, ein Weg nach oben. »Beim Schultennis bildeten sie immer ein Doppel«, erzählte Emma Sayle, eine Schulkameradin aus dem Internat, 2010 der *Daily Mail*. »Immer lag die Frage in der Luft: Wer ist die Dünnste, wer die Schönste?« Kate Middleton spielte als Zwölfjährige Hockey, Tennis, Volleyball und schwamm, aber Pippa blieb die Dünnere von beiden. Mit vierzehn wechselte Kate ans Marlborough College, ein anderes Prestigeinternat. Kate war dort gemäß ihrer Klassenkameradin Gemma Williamson »schüchtern und unauffällig«. Als die extrovertierte Pippa ein paar Jahre später auf die gleiche Schule kam, war sie sofort beliebt. »Kate fühlte sich von ihr in den Schatten gestellt.«

Aber Kate war die ältere Schwester, und das wurde zu ihrer Rettung. Sie durfte als Erste an die Universität, entschied sich für Kunstgeschichte im schottischen St. Andrews. Ebenso wie Prinz William, von dem sie in Marlborough noch ein Poster in ihrem Zimmer hängen hatte. Kate ließ ihre Beute nicht entwischen.

Auch ihre Schwester Pippa machte sich als Studentin an den Adel heran. Sie wohnte mit Söhnen von Herzögen zusammen und verkehrte mit anderen reichen Leuten. 2007 ging die Beziehung zwischen Pippa und einem Bankierssohn in die Brüche, und auch Kate und William trennten sich damals für kurze Zeit. Die beiden plötzlich alleinstehenden Schwestern praktizierten in London pausenloses Socializing. Vom einen elitären Nachtklub ging es direkt zum nächsten Polowettkampf. Die Zeitschrift Tatler gab den Schwestern einen Spitznamen, der auf eine Kletterpflanze verwies: »Wisteria Sisters: sehr dekorativ, wahnsinnig duftend und ausgestattet mit einem bösartigen Klettertalent.«

Die Middleton-Schwestern während der Hochzeit von Prinz William und Kate, 2011

So gesehen gingen die Schwestern am 29. April 2011 einen einzigartigen Kompromiss ein. Kate wurde die Frau des Prinzen, Pippa der Flirt der ganzen Welt.

HUGO MARADONA

Wenn Gott Fußball spielen könnte, dann würde er Diego Maradona heißen (zumindest dann, wenn Messi verletzt ist). Maradona machte sein Heimatland Argentinien 1986 im Alleingang zum Weltmeister und verschaffte dem SSC Neapel ein Jahr später die erste italienische Meisterschaft in seiner Geschichte. Innert einer Weltmeisterschaft erzielte er zwei der meistdiskutierten Tore aller Zeiten: einen erfolgreichen Slalom an fünf Gegenspielern vorbei und einen Handballwurf, den der Schiedsrichter für einen Kopfball hielt. »Die Hand Gottes«, so Maradona.

Hugo Hernán Maradona spielte als kleiner Junge auch hin und wieder mit seinem älteren Bruder Fußball, kann sich aber kaum noch daran erinnern: Der Altersunterschied beträgt fast neun Jahre. Doch inspiriert von den frühen Erfolgen seines Bruders, wollte er ebenfalls Profifußballer werden.

Hugo begann beim Verein Argentinos Juniors, genau wie sein Bruder. Mit seinen kurzen Pässen, dem gedrungenen Körper und der Nummer zehn auf dem Rücken war er eine regelrechte Kopie von Diego. Nur schoss sein Bruder bei Argentinos achtzig Tore in hundertneunundzwanzig Spielen, und Hugo in neunzehn Spielen lediglich eines. Dennoch war sein Start vielversprechend: 1985 wurde Hugo Maradona mit der argentinischen U16-Nationalmannschaft südamerikanischer Meister.

Mit achtzehn zog es Hugo bereits nach Italien – auf Anregung seines inzwischen weltberühmten Bruders. Dieser hatte einem neuen Vertrag bei seinem Verein Napoli nur unter der Bedingung zugestimmt, dass auch Hugo zu Napoli oder einem anderen italienischen Verein wechseln könne. Für Hugo war das kein reiner Segen. Er war blutjung und wurde schon jetzt als »Erlöser« angepriesen. »Noch talentierter als Diego«, schrieben italienische Journalisten. Die Erwartungen seien riesig gewesen, würde Hugo später sagen, sie zu erfüllen gelang ihm nicht. Bei Napoli durfte er noch nicht einmal spielen, denn der Verein hatte schon zwei Ausländer verpflichtet, die damalige Höchstzahl in der italienischen Liga. Hugo landete bei dem mittelmäßigen Klub Ascoli Calcio, wo er nur dreizehn Partien bestritt, ohne ein einziges Tor zu schießen. Auch bei Vereinen in Spanien und Österreich blieb der Erfolg aus.

Und dann entdeckte Hugo Japan. Besser gesagt: Japan entdeckte ihn. Der Verein PJM Futures hatte eigentlich beide Maradonas für sich gewinnen wollen, doch den berühmten Bruder konnten sie nicht ködern. In Japan spielte Hugo sieben durchaus erfolgreiche Saisons, weit weg von den Kontinenten, die sein Bruder erobert hatte. 1995 erzielte Hugo für seinen Verein Avispa Fukuoka siebenundzwanzig Tore in ebenso vielen Spielen.

Seinem Bruder Diego ging es inzwischen weniger gut. Einen stabilen Charakter hatte er nie gehabt, und den Ruhm zu ertragen, fiel ihm schwer. Er wurde süchtig nach Kokain und daraufhin gesperrt. Nicht ohne Folgen für Hugo: 1996 verbreitete sich das Gerücht, Diegos Agent habe Hugo ein Paar Fußballschuhe geschickt, in dessen Stollen Kokain versteckt gewesen sei. Hugos japanischer Verein musste eine Pressekonferenz einberufen, um die Meldung offiziell zu entkräften. Fragen zu seinem berühmten Bruder verfolgten Hugo auch weiter, aber er hatte eine Antwort auf sie gefunden. »Ich respektiere, was er erreicht hat, aber ich habe mein eigenes Leben und meine eigene Karriere in Japan«, sagte er 1997 zur *Canberra Times*.

In den vergangenen zehn, fünfzehn Jahren ist Hugo Maradona vor allem als Organisator von Fußballcamps für Jugendliche in den Vereinigten Staaten aktiv gewesen. Daneben versuchte er sich – wie auch sein Bruder – immer wieder als Fußballtrainer, wenn auch auf bescheideneren Bühnen: Er trainierte zuerst amerikanische Universitätsteams und zwischen 2004 und 2006 die Puerto Rico Islanders, ein Newcomer-Team der zweiten amerikanischen Liga. Die Resultate waren gut. Unter seiner Leitung verdoppelte sich die Zahl der Zuschauer von mickrigen dreitausend zu etwas weniger mickrigen fünftausend pro Spiel. Zugegebenermaßen sei, so der Vereinsoffizielle Carlos Toledo, der berühmte Nachname daran nicht ganz unschuldig gewesen. Doch der indirekte Ruhm scheint Hugo Maradona nichts anzuhaben. »Ich bin stolz, diesen

Nachnamen zu tragen«, sagte er 2010 in einem Interview. »Zuallererst ist es der Name meines Vaters. Jeder ist selbst dafür verantwortlich, wie er seinen Familiennamen hinausträgt.«

Es scheint fast so, als hätte nur ein Maradona wirklich unter seinem magischen Nachnamen gelitten. Gott weiß, wer.

MARIA ANNA MOZART

Maria Anna Mozart, Kosename Nannerl, war ein Wunderkind, das eine große Karriere als Musikantin aus zwei Gründen vergessen konnte. Erstens war sie eine Frau im 18. Jahrhundert. Zweitens hieß ihr kleiner Bruder Wolfgang Amadeus Mozart.

Ein unlauterer Wettbewerb.

Zwar hatte Nannerl auf ihren Bruder einen Vorsprung von fünf Lebensjahren, genug, um ihren Vater davon zu überzeugen, dass er es mit einer ausgezeichneten Cembalospielerin zu tun hatte. Doch schon als Dreijähriger stand Brüderchen Wolfgang neben dem Cembalo und schaute ungeduldig zu. Manchmal schlug er heimlich eine Terz an, und es war immer die richtige. Zwei Jahre später stellte der kleine Wolfgang bereits seine eigenen Musikstücke zusammen. Vater Leopold, selbst Musiker, glaubte seinen Ohren nicht. Er kündigte seine Stelle in Salzburg und nahm seine Wunderkinder 1763 mit auf eine Tournee zu den europäischen Kaisern und Kurfürsten, die ganze dreieinhalb Jahre dauerte.

Gemeinsam stahlen sie allen anderen die Schau – in München, Brüssel, Paris, London, Utrecht und anderswo. In der Reisekutsche waren Schwester und Bruder gleichauf, in einer Fantasiewelt aus selbst komponierter Musik, Wortspielen und Rätseln. Doch außerhalb der Kutsche wusste Nannerl Mozart, was ihre Rolle war: Sie war ein großes Talent, aber ihr Bruder das wahre Genie. Er komponierte als Achtjähriger Symphonien, sie schrieb sie auf. Wenn Wolfgang krank war, wurde ein Konzert abgesagt; nicht so, wenn Nannerl krank war. Baron von Grimm, einer der ersten Förderer der Mozartkinder, schrieb 1766 nach einem Konzert: »Mademoiselle Mozart [...] hat die schönste und glänzendste Ausführung auf dem Claviere; nur ihr Bruder allein vermag die Stimme des Beyfalls ihr zu rauben.« Diese Kinder würden nicht in Salzburg bleiben, mutmaßte Grimm.

Er sollte nur zur Hälfte recht bekommen. Wolfgang Amadeus Mozart, die unbestrittene Nummer eins, würde Salzburg verlassen und weiterhin mit seiner Musik den europäischen Adel verblüffen. Doch die Nummer zwei, Nannerl, blieb sehr wohl im »langweiligen Salzburg«, wie sie es selbst nannte, zurück. Inzwischen war sie siebzehn Jahre alt. Nannerl Mozart musste den Haushalt führen und darauf warten, heiraten zu können. Wolfgang wurde groß und sein Ruhm noch größer. Aus dem Ausland schickte er seiner Schwester viele virtuose Briefe, voller Wortspiele und manchmal rückwärts unterschrieben: Gnagflow Trazom. Er ließ sich in Wien nieder und sorgte für Furore, während Nannerl zu Hause bei Vater Leopold stillhielt. Sie gab Kindern von wohlhabenden Bürgern Klavierunterricht. Als Musikerin trat sie nur auf, wenn ihr Vater es ihr erlaubte.

Nannerl Mozart heiratete 1784 und zog mit ihrem Mann von Salzburg ins Dorf Sankt Gilgen. Fürs Musizieren blieb keine Zeit mehr. Das Klavier, das Vater Leopold ihr zur Hochzeit geschenkt hatte, hielt der österreichischen Winterkälte nicht stand. Außerdem hatte Nannerl Mozart alle Hände voll zu tun mit den fünf Kindern, die ihr Mann aus zwei früheren Ehen mitgebracht hatte, und den drei gemeinsamen Kindern, die folgten.

Nachdem nach Mutter Mozart 1787 auch Vater Mozart starb, verschwand mit ihm das wichtigste Bindeglied zwischen Wolfgang und seiner Schwester. Vollkommen gegensätzlich waren ihre Welten nun – Ruhm gegenüber Anonymität, Kreativität gegenüber Dienstbarkeit. Zwar war den Geschwistern ihre schwache Gesundheit gemein, doch ironischerweise war Wolfgang auch hier überlegen: Er starb schon mit fünfunddreißig Jahren, während er an einem Requiem arbeitete.

Nannerl überlebte ihn um fast vierzig Jahre und hatte auch glückliche Zeiten. Nach dem Tod ihres Mannes im Jahr 1801 kehrte sie nach Salzburg zurück. Sie freundete sich mit Wolfgangs Sohn Wolfgang junior an und arbeitete begeistert an einer Biografie über ihren Bruder mit.

Mit zunehmendem Alter sah Nannerl immer schlechter, und die Schmerzen in ihrer linken Hand wurden so stark, dass sie mit dem Klavierspielen aufhören musste. Mit achtundsiebzig Jahren starb Nannerl Mozart, das Ex-Wunderkind.

Theodore Hardeen (rechts)
und Harry Houdini, ca. 1901

THEODORE HARDEEN

*H*arry Houdini, der berühmte amerikanische Zauberer, machte sich vor allem als Entfesselungskünstler einen Namen. Vor vollen Sälen ließ er sich angekettet in gläserne Kisten einschließen oder in mannshohe Milchkannen voller Wasser oder Bier. Und jedes Mal entkam Houdini, von den Fesseln befreit und unversehrt. Mit seinen oft selbst ausgeheckten Kunststücken wurde er weltberühmt und steinreich. In einer guten Woche verdiente er zweihunderttausend Dollar: Grund genug für geldgierige Zauberkollegen, seine Nummern schamlos nachzuahmen, manchmal unter komischen Künstlernamen wie Harry Rudini, Harry Blondini und Jacques Boudini.

Zur Bekämpfung seiner Rivalen setzte Harry Houdini eine besondere Waffe ein: seinen kleinen

Bruder Theodore, der sein Brot ebenfalls mit Zauberei verdiente. Houdini ließ seinen Bruder absichtlich in den Theatern der Konkurrenz auftreten, sodass für die Shows seiner echten Rivalen kein Platz mehr blieb. Houdini ersann für seinen Bruder sogar einen Künstlernamen – Hardeen –, der seinem eigenen glich, um vorzugeben, dass auch er ein »Imitator« des echten Houdini sei.

Zu Houdinis Plan gehörte zudem, dass sein kleiner Bruder hin und wieder die Auftritte eines konkurrierenden Handschellen-Entfesslers störte. Dann nahm Theodore Hardeen die allerschwierigsten Polizeihandschellen mit in die Show eines Rivalen und stand auf, sobald der Zauberer um Freiwillige bat, die ihm Handschellen anlegen durften. Standhaft weigerte sich der Zauberer, Hardeens Handschellen umzulegen, weil sie doch sehr herausfordernd wirkten. Worauf das Publikum zu murren begann und die Mission von Houdini und seinem Bruder gelungen war.

Nun hatte sich Houdinis kleiner Bruder in Amerika und Europa auch selbst einen Namen als Zauberer gemacht. Es war sogar Theodore Hardeen, der als Erster auf die Idee gekommen war, sich vor den Augen des Publikums aus einer Zwangsjacke zu befreien. Doch manchmal versuchte auch er, seinem älteren Bruder eins auszuwischen, wenn auch nur mit Worten. Einmal wagte er es gar, gegenüber Journalisten zu sagen, dass er seinen Bruder Houdini überaus bewundere. So sehr, dass er sich überlegt habe, ihn als Assistenten anzuheuern. Houdini wurde rasend vor Wut und hielt seinem Bruder eine Standpauke. Hardeen gab sofort klein bei. »Ich war zu weit gegangen«, sagte er später. »Ich habe Houdini versprochen, so etwas nie wieder zu sagen.«

Hardeen wusste, wo sein Platz war, ein Echo ihrer Rollen in der kinderreichen ungarisch-amerikanischen Immigrantenfamilie, aus der sie stammten. Houdini, geboren als Erik Weisz, war zwar nicht der älteste Sohn, verhielt sich aber wie einer. Er war elf Jahre alt, als er nach dem plötzlichen Tod eines Halbbruders entschied, sein gesamtes Erspartes (zehn Dollar) für das Begräbnis auszugeben. Außerdem war Erik ein außerordentlich talentierter junger Mann, der jedes Türschloss knacken konnte und flink und behände war. Erik war in der armen jüdischen Familie die Verkörperung der Hoffnung. Als der Vater im Sterben lag, rief er daher Erik zu sich.

Zu seiner Frau sagte er danach: »Mach dir keine Sorgen, eines Tages wird Erik deine Schürze mit Gold füllen.« Kein Wort über Theodore.

Eine Zeit lang traten die Brüder gemeinsam als Houdini Brothers auf, und auch dort blieb die Hackordnung bestehen. Eines Tages patzte Theodore während eines berühmten Tricks: Wegen eines dummen Fehlers konnte er sich nicht aus seiner Kiste befreien. Houdini entschied, seinen Bruder zu ersetzen. Zukünftig würde Houdinis Frau dessen Rolle übernehmen. Das war für Theodore besonders schmerzhaft, zumal er selbst Houdini mit seiner Frau verkuppelt hatte.

Theodore Hardeen gab sich geschlagen, blieb seinem berühmten Bruder treu und erbte, als Houdini 1926 starb, dessen Zauberwerkzeuge und -geheimnisse. Houdinis Testament sah vor, dass Hardeen diese Besitztümer nach seinem Tod vernichten lassen müsse. Doch Hardeen entschied sich anders. Er verkaufte Houdinis Erbe für gutes Geld. Nun, da sein großer Bruder tot war, wagte er es endlich wieder, sich gegen ihn aufzulehnen.

SOLANGE KNOWLES

Sie klingt wie Beyoncé, sie singt wie Beyoncé, sie ist ebenso schön wie Beyoncé, aber sie heißt Solange. Fünf Jahre ist sie jünger als ihre Schwester, die inzwischen so berühmt ist wie Madonna in den Achtzigern. Vorbild für Mädchen, Sexsymbol für Männer. Beyoncé sang nach seiner Amtseinführung 2009 für Obama, und für Kate und William (und Pippa) an ihrem Hochzeitstag 2011. Und sie ist das Herzblatt von Hip-Hop-Magnat Jay-Z.

Die Karriere ihrer Schwester Solange Knowles verläuft weniger glamourös. Ihr erstes Album veröffentlichte sie mit sechzehn, aber *Solo Star* war eine laue Popplatte, die sich mäßig verkaufte. Mit siebzehn heiratete sie und bekam ein Kind. Wenig später zog sie nach Idaho, das eher für seine Kartoffeln bekannt ist als für seine Showbizdichte.

Als die inzwischen geschiedene Solange 2008 ein Comeback wagte, zeugte dieses denn auch von Charakter. Vor allem, weil sie auf ihrem Album eigene Töne anschlug: eine Mischung aus Siebzigerjahre-Soul und moderner elektronischer Musik. Ihre Botschaft war klar: Ich bin eine unabhängige Musikerin.

Ihre Schwester ist mehr Mainstream und generell etwas braver. Um ihre wollüstigen Ausschweifungen auf der Bühne und in Musikvideos zu rechtfertigen, hatte sich Beyoncé nicht umsonst für lange Zeit ein Alter Ego zugelegt: die rundum brünstige »Sasha Fierce«. Solange braucht kein Alter Ego – sie war schon immer rebellisch. So wurde sie als Teenager für eine Zeit von ihrer christlichen Schule suspendiert, weil sie sich weigerte, ein Poster eines halb nackten Rappers von ihrem Spind zu nehmen. In vielen ihrer Songs flucht sie nur so drauflos, und auch in den meisten Interviews mit ihr fallen Schimpfwörter.

Doch je mehr Solange Knowles damit beschäftigt ist, sich öffentlich von Beyoncé abzugrenzen, desto mehr Aufmerksamkeit lenkt sie auf ihre Schwester. Im Booklet ihrer zweiten CD posiert

ICH HABE WIRKLICH MITLEID MIT MEINER SCHWESTER.

Solange Knowles

Solange vor einem Poster mit dem Text: *I will not have a famous family*. Gleich im Eröffnungssong singt sie über ihre Schwester: »*I'm not her and never will be / Two girls going in different directions*.« Der Song *Fuck the Industry* beginnt mit »*I'll never be picture perfect Beyoncé*«. 2009 rasierte sie sich ihr Haar auf Millimeterlänge – ein gewagter Schritt für jemanden, der zur Hälfte aus Locken zu bestehen schien. Ein Jahr später meldete Solange, dass sie fortan nicht mehr als Markenbotschafterin für House of Deréon amten würde, die Bekleidungslinie ihrer Schwester und Mutter. Der Grund dafür: Die Kleidung passe nicht zu ihrem »persönlichen Stil«.

In Interviews vermeidet Solange wenn möglich den Namen ihrer Schwester. Und Interviewer, die selbst die berühmte Schwester ansprechen, sollten sich in Acht nehmen. 2008 zeigte eine Moderatorin von *Fox News* direkt vor einem Liveinterview mit Solange einen Newsclip zum Verkauf einer Bar in Las Vegas, die Jay-Z, dem Ehemann von Beyoncé, gehörte. Wie man es wagen könne, sie mit den Geschäften ihres Schwagers in Verbindung zu bringen? Ein Missverständnis, denn der Clip über Jay-Z war nicht geplant gewesen und wurde zufällig an dieser Stelle ausgestrahlt. Die gesamte amerikanische Blogmeute fiel über Solange her.

2014 kam Solange erneut ins Gerede, und dieses Mal war Jay-Z selbst ihr Opfer: Im Lift eines New Yorker Hotels traktierte Solange ihn mit Schlägen. Überwachungskameras filmten die Szene, der Clip verbreitete sich viral im Internet. Die Hintergründe des Streits blieben unbekannt.

Aber ein schlechtes Image ist keine Tragödie für Solange Knowles: Sie sagt – ebenso wie Chris Jagger –, dass sie ohnehin nicht weltberühmt sein wolle. Der Frauenzeitschrift *Essence* erzählte sie: »Ich habe wirklich Mitleid mit meiner Schwester. Ich sage immer ›Komm, lass uns shoppen gehen‹ oder ›Lass uns dorthin gehen‹, und das kann sie dann nicht.« Millionen Alben zu verkaufen und Nummer-eins-Hits zu haben, sei gar nicht ihr Ziel, betonte sie. »Das Allerwichtigste ist«, so die rebellische Solange, »eine gute Mutter zu sein.«

2

Die Gegenpole

Chris Jagger, Hugo Maradona und Solange Knowles – sie alle unterscheiden sich von ihren Geschwistern, aber dennoch haben sie alle ihr Glück im gleichen Betätigungsfeld gefunden. Chris und Solange machen ebenfalls Musik, und Hugo spielte wie sein Bruder Fußball. Manchmal sind die Unterschiede in den Lebensläufen von Geschwistern größer. So groß sogar, dass es seltsam erscheint, dass beide die gleichen Eltern haben.

Aber ist es wirklich seltsam? Ja, man wächst mit den gleichen Eltern im gleichen Haus auf, in der gleichen Gegend und auf der gleichen Schule. Aber Geschwister erleben ihre Jugend unterschiedlich. Bereits in den Fünfzigerjahren stellte die amerikanische Forscherin Helen Koch fest, dass eine Mehrheit der Fünf- und Sechsjährigen findet, ihre Eltern würden sie sehr unterschiedlich behandeln. Ganze zwei Drittel der befragten Kinder gaben an, dass ihre Mutter ein Lieblingskind habe. Gerade das ältere Kind fühle sich oft benachteiligt, so die Psychologen Judy Dunn und Robert Plomin in ihrem Buch *Warum Geschwister so verschieden sind*, das anschauliche Zitate der befragten Kinder enthält: »Ja, ich will mit dem Baby tauschen«, sagte ein eifersüchtiges Kind. »Dann kann ich schreien, soviel ich will, und Mama wird nur für mich sorgen.« Ein anderes Kind über seine kleine Schwester: »Immer wird ihr recht gegeben.« Ein Kind in einer günstigeren Ausgangslage: »Ich kann sie schlagen, aber sie mich nicht.«

Ein Kind, das auf seinen Bruder oder seine Schwester eifersüchtiger ist als andersherum, läuft, so Dunn und Plomin, größere Gefahr, später im Leben verletzlicher zu sein. An den Genen liegt das nicht, denn es trifft auch auf eineiige Zwillinge zu, die zu hundert Prozent die gleichen Gene haben.

Manchmal behandeln die Eltern ihre Kinder nur deshalb unterschiedlich, um ihren charakterlichen Unterschieden gerecht zu werden. 1985 kamen Frances Schachter und Richard Stone zu der

Schlussfolgerung, dass Eltern, die ihr erstes Kind als »schwierig« erleben, geneigt sind, ihr zweites Kind als »einfach« zu bezeichnen. Das kann dazu führen, dass Charakterzüge noch weiter auseinanderklaffen. Das schwierige Kind wird schwieriger, und das andere Kind neigt zu Diplomatie und Neutralität: Eine Kollegin erzählte, dass ihr Bruder zu Hause den Spitznamen »Schweiz« trägt.

Sogar ein und dasselbe Ereignis kann sich ganz unterschiedlich auf Geschwister auswirken, man denke nur an einen Umzug. Die zehnjährige Tochter hat enorme Schwierigkeiten, sich in die neue Klasse einzufügen, weil sie sich auf ihrer alten Schule so gut eingelebt hatte. Für ihren draußen spielenden dreieinhalbjährigen Bruder verläuft der Umzug reibungslos: Ein Sandkasten ist ein Sandkasten, wo auch immer er steht. Solch unterschiedliche Reaktionen können die Grundlage für zwei verschiedene Kindheiten bilden. Die ältere Schwester fühlt sich am neuen Wohnort nicht heimisch, findet vielleicht weniger schnell Freunde, ihr Selbstvertrauen schrumpft. Der jüngere Bruder bleibt davon ungestört fröhlich und sozial – und wird beliebter. Dasselbe kann passieren aufgrund eines

Todesfalls, der Krankheit der Mutter oder der Arbeitslosigkeit des Vaters. Die Cambridge-Forschungen von Dunn und Plomin belegen, dass fast siebzig Prozent der Geschehnisse mit negativen Auswirkungen von Geschwistern unterschiedlich verarbeitet werden. Langer Rede kurzer Sinn: Gleichartige Geschwister sind eine Seltenheit.

Das macht es so ironisch, weltberühmte Geschwister zu haben. Da hat man sich die halbe Jugend lang abgemüht, anders zu werden als die Schwester, und nun wird man wegen ihres Ruhms dauernd mit ihr in Verbindung gebracht. Einen Nachnamen schüttelt man nicht einfach so ab und Blutsbande schon gar nicht.

Diese Gratis-Assoziation wird besonders lästig, wenn man mit dem Treiben des Bruders oder der Schwester nicht einverstanden ist. Dann kann man mit dem Distanzieren noch mal von vorne beginnen. Eine Art zweite Pubertät, aber dieses Mal findet sie öffentlich statt.

Ein berühmter Bruder oder eine berühmte Schwester ist auch immer eine Konfrontation. Früher saßen wir noch zusammen beim Frühstück, und jetzt ist sie die Chefin dieses Landes – und ich nicht. Was sagt das über mich aus? Wenn man sich diese Frage nicht selbst stellt, dann stellt sie früher oder später ein Journalist, so wie das der Bruder von Angela Merkel erlebt hat. Die folgenden Porträts handeln von Menschen wie ihm oder auch dem Parfüm-Unternehmer Yeslam bin Laden und der Exilkubanerin Juanita Castro, deren Geschwister einen komplett anderen Weg eingeschlagen haben als sie selbst.

ALBERT GÖRING

*H*ermann Göring (1893–1946) war Generalfeld-
marschall im Großdeutschen Reich, ranghöchs-
ter Offizier der Wehrmacht und ein sadistischer
Judenhasser.

Der zwei Jahre jüngere Albert Göring glich seinem untersetzten, blonden, blauäugigen Bruder kein
bisschen: Er war mager, hatte schwarzes Haar und
dunkelbraune Augen. Auch die Interessen und Cha-
raktere der Brüder unterschieden sich wie Tag und
Nacht. »Er interessierte sich nicht für Politik oder
das Militär; ich schon«, erzählte Hermann Göring
1946 dem Psychiater, der ihn während der Nürnberger Prozesse verhörte. »Er war still und zurückge-
zogen, ich liebe Menschenansammlungen und die
Geselligkeit. Er war schwermütig und pessimistisch,
ich bin ein Optimist.« Den wichtigsten Unterschied

zwischen den beiden Brüdern nannte er allerdings nicht: Hermann Göring ermordete Juden, während Albert sie rettete.

Die Kindheit von Hermann und Albert Göring – und ihren anderen Geschwistern – verlief ungeordnet. So wohnte Hermann die ersten paar Jahre seines Lebens bei einer Pflegefamilie in Nürnberg, weil sein Vater, ein Diplomat, mit Mutter Göring in Haiti war. Aber auch nach der Rückkehr 1896 blieb der Vater abwesend. Mutter Franziska bandelte in aller Öffentlichkeit mit Hermann Epenstein an, einem Halbjuden und vermögenden Adligen. Epenstein ernannte sich zum Patenonkel der Göringkinder und ließ die Familie in einem Schloss wohnen, wo ein Jagdhorn die Mahlzeiten ankündigte und das Personal in mittelalterlichen Gewändern herumlief. Von Epenstein wohnte selbst nicht dort, übernachtete aber regelmäßig bei Franziska Göring. Ihr Mann wurde dann kurzerhand woanders untergebracht.

Hermann Göring, ein unruhiger und rebellischer Junge, blühte erst auf der Militärakademie richtig auf. Der Erste Weltkrieg kam für den Einundzwanzigjährigen daher wie gerufen (vom Zweiten Weltkrieg ganz zu schweigen), und er machte sich zunächst einen Namen als Kampfflieger. Vier Jahre nach dem Ersten Weltkrieg schloss er sich Adolf Hitler an, dessen Gedankengut ihn über die Maßen ansprach.

Der feinfühligere Albert Göring ekelte sich vor den politischen Vorlieben seines Bruders, mit dem er sich ansonsten aber gut verstand. Aus Protest gegen den Aufstieg der Nazis nahm Albert Göring die österreichische Staatsbürgerschaft an. 1938 musste er jedoch mit ansehen, wie Hitlers Anhänger auch in seinen Wohnort Wien einmarschierten.

Also legte Albert sich quer.

Als er sah, wie eine Gruppe älterer jüdischer Frauen gezwungen wurde, auf den Knien eine Wiener Straße zu schrubben, schnappte sich Albert Göring eine Bürste und half mit. Als ihn der diensthabende Nazi am Kragen packte, nannte er seinen Namen – Grund genug für den Nazi, die ganze Schrubbaktion abzubrechen. Denn wer wollte schon einen Göring erniedrigen?

Albert Göring verhalf jüdischen Freunden zu Geld und Reisedokumenten, damit sie emigrieren konnten. Regelmäßig reiste er nach Berlin, um seinen Bruder Hermann um einen Gefallen zu bitten. Albert wirkte dann auf das große Ego seines Bruders ein: Ob der ach so große Hermann mit seiner ach so großen Macht nicht diesen politischen Gefangenen oder jenen jüdischen Freund verschonen könne. Erstaunlicherweise ging Hermann Göring manchmal auf diese Bitten ein. Über ein Gesuch an seinen Bruder rettete Albert Göring zum Beispiel den Komponisten Franz Lehár und dessen jüdische Frau. »Dieser Aspekt ihres Verhältnisses überrascht mich«, so der Australier William Hastings Burke, der 2009 ein Buch mit dem Titel *Hermanns Bruder* schrieb. »Hermann und Albert konnten sich auf die eine oder andere Art von ihren offiziellen Rollen distanzieren, wenn sie im Kontext der Göringfamilie aufeinandertrafen.«

Während des Zweiten Weltkriegs war Albert Göring Exportleiter einer Skoda-Fabrik im heutigen Tschechien. Er ließ mehrfach einen Lastwagen zu einem Konzentrationslager fahren mit der Nachricht, dass »Göring« Arbeitskräfte benötigte, und ließ die Gefangenen danach im Wald frei. Albert schrieb auch einen mit seinem Nachnamen unterzeichneten Brief an den Lagerkommandanten von Dachau: dass der Kommandant unverzüglich einen jüdischen Gefangenen freilassen müsse, einen gewissen Dr. Charvat. Der Befehl beeindruckte den Lagerkommandanten sehr, nur hatte dieser nun ein Problem: Es gab zwei Charvats in Dachau. Zur Sicherheit ließ der Kommandant beide frei.

Die Nazis stellten während des Kriegs vier Haftbefehle gegen Albert Göring aus, aber er kam nie wirklich in Schwierigkeiten. Sogar ein Exekutionsbefehl im Jahr 1944 wurde ihm nicht zum Verhängnis. »Hermann war für Albert ein Sicherheitsnetz«, schreibt Hastings Burke.

Dieses Sicherheitsnetz löste sich nach dem Krieg auf. Sowohl Hermann als auch Albert wurden verhaftet. Hermann Göring beging in der Nacht vor seiner geplanten Exekution Suizid, Albert wurde zwei Jahre lang festgehalten und unter anderem während der Nürnberger Prozesse verhört. Niemand wollte glauben, dass ein Göring Juden retten konnte. Erst 1947 wurde er freigelassen, nachdem mehrere Kollegen aus der Skoda-Zeit für ihn ausgesagt hatten.

Doch ein schönes Nachkriegsleben war Albert Göring nicht vergönnt. Seine tschechische Frau verließ ihn und nahm die gemeinsame Tochter mit nach Peru. Göring ließ sich in München nieder.

Aber sein Nachname, der ihn während des Krieges beschützt hatte, brachte ihn zu Friedenszeiten in Bedrängnis. Er wurde zur Persona non grata, kein Arbeitgeber stellte ihn ein. Albert Göring, der aus Prinzip seinen Namen nicht ändern wollte, wurde depressiv, alkoholabhängig und führte ein ausschweifendes Leben. Er heiratete seine Haushälterin. 1966 starb er an Krebs. Ohne Vermögen und vor allem ohne jegliche Anerkennung für seine Taten.

JUANITA CASTRO

*F*rüher war Fidel Castro auch schon ein schwieriges Kerlchen, zumindest gemäß seiner sieben Jahre jüngeren Schwester Juanita. Wenn er während einer Partie Baseball böse wurde, beendete er das Spiel kurzerhand für alle Beteiligten. »Er nahm sich den Baseballschläger, den Ball und die Handschuhe, und dann ging er nach Hause und ließ alle ohnmächtig zurück.«

In den Fünfzigerjahren, mit Mitte zwanzig, näherte sich Juanita ihrem Bruder Fidel an. Nicht unbedingt seinetwegen, sondern wegen der Revolution, die er anzetteln wollte. Er würde den Diktator Batista vertreiben und eine Demokratie gründen, »so kubanisch wie Palmen«. »Ich mochte die Revolution«, so Juanita, die ihren Bruder voller Überzeugung unterstützte. Sie reiste nach Amerika, um Geld für Waffen zu sammeln, sie schrieb Ansprachen, und sie schickte Proviant in die Berge der Sierra Maestra, wo ihre Guerillabrüder Fidel und Raúl sich versteckten. 1959 war das Jahr der Revolution, Fidel ergriff die Macht, und Juanita machte sich an den Aufbau von Krankenhäusern in der Provinz.

Aber dann ging es vollkommen schief.

Ende 1961 verkündete ihr Bruder, ohne eine Miene zu verziehen, dass er ein Marxist und Leninist sei und das auch immer bleiben würde. Schwester Juanita stand unter Schock. »Niemand hatte in all den Jahren auch nur eine Sekunde daran gedacht, dass er Kommunist werden könnte«, erzählte sie später einem Journalisten. Als Fidel Castro begann, seine Gegner zu exekutieren und auf stalinsche Art Bauernhöfe zu verstaatlichen, war die Folgerung unvermeidlich: Es war ihrem Bruder doch einzig und allein um die Macht gegangen.

Sogar der Bauernhof ihrer Eltern geriet ins Visier von Castros Reformen, und Juanita verkaufte schnell das Vieh, bevor es nicht mehr das ihre war. Sie fühle sich durch ihren Bruder verraten und bot Gegnern des immer diktatorischeren Regimes Unterschlupf. Zum Missfallen ihres Bruders Fidel. Seine kleine

Juanita Castro während einer Anti-Castro-Demonstration vor den Vereinten Nationen in New York, 1979

Schwester war für ihn keine Schwester mehr, sondern, so sagte er, ein antirevolutionärer Wurm. 1963, im Jahr, als ihre Mutter starb, sprachen die Geschwister zum letzten Mal miteinander.

Juanita Castro verließ Kuba 1964 und ließ sich in Miami nieder, einer Stadt mit einer großen kubanischen Minderheit. In dem Viertel Little Havana eröffnete sie eine kleine Drogerie, wo sie zwölf Stunden am Tag arbeitete, um sich über Wasser zu halten. Daneben setzte sie sich weiter für ein besseres Kuba ein, hielt Vorlesungen an Universitäten, war regelmäßig zu Gast im Miami Cuban Radio und zeigte sich manchmal im nationalen amerikanischen Fernsehen. 1982 wurde sie offiziell Bürgerin der Vereinigten Staaten, dem von ihrem Bruder so gehassten Land. »Ich gehöre mehr zu diesem Land als zu meinem eigenen«, so Juanita. »Man kann nicht ein starkes Land aufbauen, das auf Hass begründet ist.«

2007, sie war vierundsiebzig Jahre alt, ging sie in Rente, verfiel aber keinesfalls dem Müßiggang. Zwei Jahre später veröffentlichte sie ihre Memoiren und plauderte aus, was sie als das »bestgehütete Familiengeheimnis« bezeichnete.

Die Nachricht ging sofort um die Welt.

Juanita Castro war auf Kuba von 1961 bis 1964 eine CIA-Spionin gewesen. Für den Geheimdienst war sie nicht Juanita, sondern Spionin Donna. Sie schmuggelte Geld und geheime Dokumente in Konservendosen von Mexiko nach Kuba. Menschen, die von ihrem Bruder verfolgt wurden, verhalf sie zur Flucht vor der Gefangenschaft oder Exekution. Und auf einem illegalen Kurzwellenradio empfing sie Codenachrichten der CIA. Erklang der Walzer *Fascination* oder eine Opernmelodie aus *Madame Butterfly*, dann wusste Juanita, dass es Neuigkeiten gab.

Für die CIA war es eine der wenigen kubanischen Erfolgsgeschichten. Der Geheimdienst scheiterte kläglich, Fidel Castro zu stürzen oder umzubringen, aber die Infiltration der Castro-Familie ist ihm sehr wohl gelungen. Dank Juanita, der kleinen Schwester.

DAVID KACZYNSKI

*E*iner der bekanntesten amerikanischen Terroristen war Ted Kaczynski, besser bekannt als der Unabomber. Von 1978 bis 1995 verschickte er anonym Briefbomben an Fluggesellschaften und Universitäten. Drei Menschen kamen ums Leben, dreiundzwanzig weitere wurden verletzt. Professoren, Vorstandsmitglieder und Inhaber von Computergeschäften verloren beim Öffnen der Post ihr Augenlicht oder ihr Gehör, und, wenn sie Glück hatten, nur ein paar Finger.

Das FBI arbeitete ab 1979 an dem Fall, der sich zu einer der teuersten Ermittlungen der amerikanischen Polizeigeschichte entwickelte. Eine Million Dollar wurden als Belohnung für Hinweise ausgeschrieben, die zur Verhaftung führen würden, aber das Resultat war gleich null. Bis 1995, als der ent-

scheidende Hinweis kam – vom Bruder des Unabombers.

David Kaczynski, siebeneinhalb Jahre jünger als
Ted, habe als Kind immer zu seinem großen Bruder
aufgeschaut, schreibt er selbst in der Anthologie
Brothers (2009). Ted war in der Schule ein Außen-
seiter, weil er extrem schlau war. Aber sein kleiner
Bruder David bewunderte ihn gerade wegen seiner
Intelligenz und Unabhängigkeit. Dass Onkel und
Tanten ihn im Vergleich zu seinem großen Bruder
so charmant und fröhlich fanden, ließ David kalt.
»Ich wollte so sein wie Ted.«

Sein großer Bruder war manchmal sogar fürsorg-
lich. Als David drei Jahre alt war, konnte er nicht
ohne Hilfe aus dem Garten ins Haus, weil er noch
nicht an die Türklinke kam. Eines Tages sah er, wie
sein Bruder Ted an der Hintertür bastelte und häm-
merte. Wenig später hing eine Spule an der Tür –
eine Vorrichtung zum Türöffnen für einen Dreijährigen.

Aber dennoch war mit Ted etwas nicht in Ord-
nung, das hatte auch David schon begriffen. Freunde
hatte sein Bruder nicht. Ted zog sich am liebsten
stundenlang in sein Dachbodenzimmer zurück, um

zu basteln oder wissenschaftliche Formeln zu lösen. »Was stimmt nicht mit Ted?«, fragte David seinen Vater. Ted sei intelligent, sagte der Vater dann, Ted werde auf der Universität Leute treffen, die zu ihm passen.

Die Studienzeit kam schnell, denn Ted war erst sechzehn, als er nach Harvard durfte. Mit zwanzig hatte er sein Mathematikstudium abgeschlossen, und mit fünfundzwanzig, im Jahr 1967, wurde er Assistenzprofessor an der University of California.

In der High School tat David alles dafür, dem schlauen Ted nachzueifern. Er gab den Baseball und das Ausgehen auf und konzentrierte sich vollkommen auf die Schule. Auch David war sechzehn, als er seinen Abschluss nachte, aber nach Harvard durfte er nicht. Er wurde abgelehnt.

Mit Ted ging es ab 1969 bergab. Er kündigte plötzlich seine Stelle als Assistenzprofessor, ohne Angabe von Gründen. Zwei Jahre später schlug er David vor, zusammen ein Stück Land in der Wildnis von Montana zu kaufen, um ein Leben fernab der »verfehlten Gesellschaft« zu führen. David hatte im Sommer oft mit Ted in der wilden Natur Michigans oder sogar Westkanadas gezeltet, aber das hier ging ihm zu weit. Dieses Mal folgte er seinem Bruder nicht, obwohl er vermutete, dass Ted fest mit ihm gerechnet hatte.

Ted ging trotzdem. Er baute sich eine Hütte in Montana, wo er die nächsten Jahre verbrachte. Ab Ende der Siebzigerjahre schickte Ted seinen Eltern Hassbriefe. Dass sie ihn nie geliebt hätten und dass sie ihn zu seinen Leistungen gedrängt hätten. »Diese Briefe waren nicht als Anfang eines Gesprächs gemeint«, schreibt David, »sondern als Anklage, bestehend aus stark übertriebenen und – nach meinem Geschmack – verzerrten Erinnerungen.« Als David seine Eltern verteidigte, verloren die Brüder den Kontakt zueinander.

Dass Ted sich zu einem mordenden Terroristen entwickeln würde, hatte David nie vermutet. Er entdeckte es erst, als seine Frau ihn auf ein Manifest des Unabombers hinwies, das das FBI und die Justiz im September 1995 über amerikanische Zeitungen verbreitet hatte. Das Brisante für David war: Der Schreibstil des Manifests kam ihm bekannt vor.

Plötzlich spielte er die Hauptrolle in einer »schrecklichen Tragödie«, denn wie auch immer er sich entschied, es würde kein gutes Ende haben:

Ted nicht anzuzeigen, würde das Risiko weiterer Todesfälle erhöhen, ihn anzuzeigen, beinhaltete die Möglichkeit, dass sein Bruder zum Tode verurteilt würde.

David entschied sich für die zweite Option. Die Polizei verhaftete Ted Kaczynski in der Hütte in Montana, in der er zusammen mit seinem Bruder hätte wohnen sollen. Die Todesstrafe hing in der Luft, aber Ted bekannte sich schuldig. Er bekam lebenslänglich.

So ist David für immer mit seinem Bruder verbunden. Er ist der moralische Sieger, der *good guy*, der Held. Ein Status, den David ohne seinen großen Bruder nie erreicht hätte.

MARCUS KASNER

Angela Merkel und ihr drei Jahre jüngerer Bruder Marcus hatten anfangs noch denselben Weg eingeschlagen. Nach ihrer Kindheit im ostdeutschen Templin unter der Obhut ihres Pfarrersvaters entschieden sich die Geschwister für das gleiche Studium: Physik an der Universität Leipzig. Beide legten die Latte hoch, eine Lektion, die sie vom strengen Vater gelernt hatten. Beide promovierten. Doch dann kam das Jahr 1989. Marcus Kasner reiste zu Beginn des Herbstes für drei Monate in die Sowjetunion: Er hatte ein Stipendium bekommen, um in einem Kernforschungszentrum in der Nähe von Moskau Atomteilchen zu untersuchen. Einen Tag, nachdem Ungarn den Eisernen Vorhang zur Seite geschoben hatte, trat er seine Reise in die Sowjetunion an. Kurz vor seiner Abreise schaute sich Marcus zusammen mit Angela im Fernsehen die historischen Nachrichtenmeldungen an: »Jetzt beginnen die wichtigsten drei Monate der DDR, und ich werde nicht da sein«, sagte der Bruder zu seiner Schwester.

So würde es bleiben: Angela ist dort, wo es passiert, Marcus dort, wo es besonders still bleibt. Im Dezember 1989 kehrte er aus der Sowjetunion zurück. Den Fall der Mauer hatte er verpasst, und er fand sich in einer neuen Welt wieder. Angetrieben durch die Aufbruchsstimmung jener Zeit, suchte er nach einer geeigneten politischen Partei, der er sich anschließen wollte. Marcus entschied sich für das nicht-kommunistische Bündnis '90. Die Fusion mit den Grünen ging Marcus Kasner dann allerdings zu weit: So sprachen die Grünen sich gegen eine deutsche NATO-Mitgliedschaft aus. Unrealistisch, fand Marcus, und er verabschiedete sich endgültig aus der Politik.

Angela Merkel lief da gerade erst warm. Ende 1989 wurde sie im neu gegründeten Demokratischen Aufbruch aktiv. Nachdem die Partei sich der CDU angeschlossen hatte, ging es blitzschnell. Sie wurde Vizesprecherin, dann Bundestagsabge-

WENN SIE AUF
DER POLITISCHEN
BÜHNE AGIERT,
IST SIE FERN.

Marcus Kasner

ordnete, dann Ministerin. 2005 wurde sie die erste weibliche Bundeskanzlerin und damit die mächtigste Frau Europas.

Ihr Bruder hatte weniger Glück. Er wollte Physikprofessor werden, doch in Leipzig hatte er keine Chance gehabt, weil er nicht Mitglied der SED war. Nach dem Fall der Mauer war er zu alt, oder die Stellen an den Universitäten waren bereits vergeben, ob in Saarbrücken, Stuttgart oder Regensburg. 1997 gab sich Angelas kleiner Bruder mit einer Stelle als Softwareingenieur bei einem Telekommunikationsunternehmen in Darmstadt zufrieden. Weil er es nicht lassen konnte, unterrichtete er auch ein oder zwei Mal pro Monat Physik an der Universität Magdeburg.

Auf Interviewanfragen der deutschen Presse reagiert er zurückhaltend. Kommt es zu einem Interview, dann folgt auf jede Frage des Journalisten eine Pause, als wollte Marcus die Frage kurz auf sich einwirken lassen. Wenn er antwortet, ordnet er seine Worte umsichtig, »wie in einer physikalischen Versuchsanordnung, jeden Knalleffekt vermeidend«, wie es die Journalistin Anna von Münchhausen 2005 in der *Frankfurter Allgemeine Zeitung* beschrieb.

Über seine Schwester spricht er distanziert, er nennt sie »meine Schwester« oder »meine ältere Schwester«. Ihre Welt ist nicht die seine. Zu übertrieben, zu kurzatmig. Kommentare über ihr Äußeres findet er »uninteressant und flach«.

»Wenn ich sie privat sehe, was nicht sehr häufig geschieht, ist sie erst einmal die Schwester. Wenn sie auf der politischen Bühne agiert, ist sie fern«, sagt Kasner zu von Münchhausen. Um Rat fragt Angela Merkel ihn nicht. Dafür wendet sie sich lieber an ihre zehn Jahre jüngere Schwester, die Ergotherapeutin Irene, die für die Bundeskanzlerin symbolisch für die »normale Bürgerin« steht.

Bruder Marcus ist Theoretiker, und über seine Ansichten lässt er sich nicht ausfragen. »Ich habe keine eindeutige Meinung«, sagte er 2005 der *Tageszeitung*. Physik unterrichtet er noch immer, inzwischen an der Universität von Frankfurt. Er hielt unter anderem die Vorlesungen »Theorie der Supraleitung« und »Exakt lösbare Modelle in der Vielteilchenphysik«. Ein Mangel an Konsistenz kann ihm nicht vorgeworfen werden: Sogar in der Physik zieht Marcus Kasner die Theorie der allzu chaotischen Praxis vor.

YESLAM BIN LADEN

Ausgerechnet dann, wenn man gerade seine eigene Parfümlinie lancieren will, zerstört der kleine Bruder die Twin Towers.

Dies war das Schicksal des Schweizer Staatsbürgers Yeslam bin Laden. Yeslam hatte seinen sieben Jahre jüngeren Halbbruder schon seit zwei Jahrzehnten nicht mehr gesehen, aber nach 9/11 machte ihr gemeinsamer Nachname ihn plötzlich verdächtig. Die schweizerische Bundespolizei durchsuchte unangekündigt Yeslam bin Ladens Haus und sein Büro, genauso wie die Büros seines Buchhalters und seines Anwalts. Kisten voller Dokumente wurden zur Untersuchung mitgenommen. Eine Verbindung zu Osamas Terror konnte nicht hergestellt werden.

Es gab auch nie eine wirkliche Verbindung zwischen den beiden Brüdern. Ja, sie hatten denselben

Vater: Mohammed bin Laden, den steinreichen Gründer des mächtigsten Bauunternehmens in Saudi-Arabien, der Bin Laden Group. Aber dieser Mohammed hatte mit rund zweiundzwanzig Frauen rund vierundfünfzig Kinder gezeugt. Jede Mutter wohnte mit ihren eigenen Kindern in einem eigenen Haus. Yeslam und Osama hatten gegensätzliche Leben geführt.

Der verstorbene Osama bin Laden, geboren 1957, verbrachte seine Kindheit bei seiner Mutter in Saudi-Arabien und wurde mit den Lehren des Wahabismus, einer konservativen Strömung des Islams, indoktriniert. Yeslam bin Laden, geboren 1950, hatte eine Mutter, die die Lehren freier auslegte, und er ging auf ein Gymnasium im Libanon, danach auf die Universität in Göteborg und später für einen Abschluss in Wirtschaft nach Los Angeles. Er bandelte mit Carmen Dufour an, einer unkonventionellen Schweizerin, mit der er in seinem Porsche durch die Alpenlandschaft raste und laut Schubert hörte. Mit einem Diplom aus L. A. in der Tasche siedelten Yeslam und seine Geliebte nach Saudi-Arabien um, wo er die Bin Laden Group zu einem erfolgreichen modernen Konzern umbaute.

In jener Zeit, Ende der Siebzigerjahre, trafen sich die Halbbrüder Yeslam und Osama. Der eine ein verwestlichter Kosmopolit, der andere ein orthodoxer Daheimgebliebener. Schon Fernsehen und Musikhören gingen Osama zu weit. Ziemlich bescheuert, fand Yeslam.

Nach dem Einmarsch der Sowjetunion in Afghanistan verließ Osama 1979 Saudi-Arabien, um seinen afghanischen Muslimbrüdern im Kampf beizustehen. Plötzlich wurde er zum Familienhelden. Alle bin Ladens – auch Yeslam – unterstützten den afghanischen Kampf gegen die gottlosen Russen.

Aber Osama radikalisierte sich zunehmend. So kritisierte er während des ersten Irakkriegs die Stationierung amerikanischer Soldaten auf saudischem Boden. Eine Schändung des heiligen Landes, fand Osama, wie konnte das saudische Königshaus das erlauben? Er wandte sich von seinem »verwestlichten« Land ab – und damit auch von seiner königstreuen Familie.

Während Osama immer antiwestlicher wurde, stellte sein Halbbruder Yeslam eine schweizerische Investmentfirma auf die Beine. Kapitalistischer geht es kaum.

Die Anschläge von 9/11 haben Yeslam nicht ruiniert, auch wenn Geschäftspartner seitdem zweimal darüber nachdenken, bevor sie sich mit einem bin Laden einlassen. Pardon, mit einem bin Ladin, wie Yeslam seinen Namen mittlerweile zu schreiben pflegt.

Sein Parfüm – Yeslam for Her und Yeslam for Him – kam 2005 trotzdem auf den Markt. Auf der Website, die für sein Parfüm wirbt, fehlt sein berüchtigter Nachname völlig. Yeslam heißt einfach Yeslam, er entstammt »einer traditionellen orientalischen Kultur« und will »die jahrhundertealte Finesse des Orients mit der modernen europäischen Expertise vereinigen«, vermeldet die Website. Neben Parfüms verkauft Osamas Bruder auch Manschettenknöpfe, Uhren, Sonnenbrillen und Handtaschen – in Boutiquen von Genf bis Dschidda und immer »im obersten Segment eines Universums der Exzellenz«.

Ein Universum, unfassbar weit entfernt von den Höhlen von Tora-Bora und dem Haus im Abbottabad, in dem sein Bruder den Tod fand.

AUNG SAN OO

Jedes Haus hat eine Geschichte, aber die Geschichte des Hauses an der University Avenue 54 in Rangun, Birma, ist eine ganz besondere. Die verfallene Villa ist weiß, im viktorianischen Stil gebaut, verfügt über zwei Stockwerke und grenzt an den mitten in der früheren Hauptstadt liegenden Inya-See an. Die Bewohnerin: Aung San Suu Kyi, weltberühmte birmanische Freiheitskämpferin und Gewinnerin des Friedensnobelpreises 1991.

Am Anfang war das Haus ein Geschenk. Die demokratische Regierung von Birma übergab es der Mutter von Aung San Suu Kyi, als das Land von Großbritannien unabhängig geworden war – eine Geste für die Witwe von General Aung San, dem im Kampf für die Unabhängigkeit ermordeten Helden. Die Mutter von Aung San Suu Kyi blieb dort wohnen, auch nachdem das Militär 1962 die Macht ergriffen und das Land zur Diktatur gemacht hatte. Und sie wohnte noch dort, als sie 1988 einen Schlaganfall erlitt. Dieser Schlaganfall war der Grund, dass ihre Tochter Suu Kyi ihren Mann und ihre Kinder in London zurückließ und zu ihrer kranken Mutter zog. Und als diese Ende 1988 starb, war Suu Kyi schon zur Anführerin des birmanischen Kampfes gegen die Militärjunta aufgestiegen. Bereits 1989 wurde die neue Volksheldin unter Hausarrest gestellt.

So wurde das Haus an der University Avenue zu ihrem Gefängnis. Von den einundzwanzig Jahren, die folgten, saß Aung San Suu Kyi während fünfzehn gezwungenermaßen in der weißen Familienvilla fest. 1999 verpasste sie die Beerdigung ihres an Krebs gestorbenen Mannes. Und während ihres Hausarrests durfte Suu Kyi nur sehr eingeschränkt Besucher empfangen, ob es nun Parteigenossen, Journalisten oder Diplomaten waren. Im November 2010 endete ihr Hausarrest. Seither ist sie frei.

Aber die Villa ist noch immer ihr Zuhause. Ja, das Haus ist durch ihren jahrelangen Hausarrest sogar zur Schaltzentrale der demokratischen Bewegung in Birma geworden. Hier finden die Pressekonferenzen von Suu Kyis Nationaler Liga für Demokratie statt, hier hält sie ihre Ansprachen, hier wird sie von den internationalen Spitzenpolitikern besucht.

Dies alles ist allerdings nur ein Teil der Geschichte des Hauses. Das findet zumindest Aung San Oo, der Bruder von Aung San Suu Kyi. Die Villa gehört auch mir, sagt er, unsere Mutter hat das Haus doch uns beiden hinterlassen. Und haben Bruder und Schwester gemäß birmanischem Erbrecht nicht die gleichen Rechte? Na dann. Aung San Oo, ein in die Vereinigten Staaten eingebürgerter Geschäftsmann, der in Kalifornien lebt, ging im Jahr 2000 gerichtlich gegen seine Schwester vor – er wollte die Hälfte des Hauses einklagen.

Wie ist das möglich? Wie kommt es einem Bruder in den Sinn, seiner Schwester, einer Volksheldin vom Kaliber eines Gandhi oder Mandela, das Leben noch schwerer zu machen, als es schon ist? Nach Angaben von birmanischen Dissidenten und Beobachtern in Rangun sympathisiert Aung San Oo mit dem Militärregime. Sein Anspruch auf das Haus soll darauf zielen, Suu Kyi weiter in die Enge zu treiben.

Aber woher rührt Aung San Oos Flirt mit der Militärjunta?

Möglicherweise habe das mit einem Streit zu tun, der sich in der Familie schon über Jahre zieht, sagt Moe Aye, eine birmansische Journalistin, die in Oslo arbeitet. Aung San Oos Partnerwahl kam bei seiner Mutter angeblich nicht gut an. Seine Frau, Lei Lei Nwe Thein, hatte einen Ruf als Männer verschlingendes Luder. »Die Mutter sprach sich gegen die Ehe aus«, sagt Moe Aye. »Schlimmer noch, sie warf ihren Sohn und die Schwiegertochter aus dem Haus.«

Als die Mutter starb, weigerte sich die Schwiegertochter vorbeizukommen. Kurz darauf wurde Aung San Suu Kyi von der Militärjunta unter Arrest gestellt. »Jeder erwartete, dass ihr Bruder gegen die Junta protestieren würde«, sagt Moe Aye. »Das Gegenteil geschah: Er lauerte auf das Haus, aus dem seine Mutter ihn einst hinausgetrieben hatte. Gebilligt von der Militärjunta.«

Dies alles hat zur Folge, dass Suu Kyi nicht nur für ein demokratisches Birma kämpfen muss, sondern auch dafür, dass sie ihr Haus behalten kann. Sie muss selbst um neue Dachziegel kämpfen.

Nachdem der Zyklon Nargis 2008 in Birma gnadenlos zugeschlagen hatte, brauchte das Dach der ohnehin baufälligen Villa dringend eine Reparatur. Wieder zog Bruder Aung San Oo vor Gericht: Er wollte unterbinden, dass das Haus ohne seine Zustimmung umgebaut wurde. Er schaffte es, die Reparaturen für vier Monate auf Eis zu legen.

2012 konnte Aung San Oo einen echten juristischen Erfolg verzeichnen, ihm wurde vom Richter tatsächlich Anspruch auf die Hälfte des Hauses zugesprochen. Aung San Suu Kyi legte sofort Berufung gegen das Urteil ein.

Es stellt sich die Frage, ob ihr Bruder von dem Urteil profitieren kann: Aung San Oo ist mittlerweile Amerikaner, und Ausländer dürfen in Birma keine Immobilien besitzen. Der Prozess läuft noch.

So ist das Haus an der University Avenue für Nobelpreisträgerin Aung San Suu Kyi gezwungenermaßen nicht nur ein politischer, sondern auch ein persönlicher Kampfschauplatz.

Gandhi und Mandela hatten auch so ihre Herausforderungen zu bestehen, aber ein Bruder von der Sorte eines Aung San Oo ist ihnen erspart geblieben.

MONA SIMPSON

*I*hr Bruder muss wohl kaum vorgestellt werden. Sein Name war Steve Jobs – der Mann hinter dem Computerkonzern Apple. Seit die Welt sich zu digitalisieren begann, bestimmte Jobs das Wie. Apple machte 1977 den Personal Computer zum Verkaufsschlager und stellte der Welt 1984 die Maus und den Mac mit grafischer Benutzeroberfläche vor. Im neuen Jahrhundert führte Apples oberster Boss nacheinander den iPod, das iPhone und das iPad ein, jedes von ihnen eine Revolution in Design und Benutzerfreundlichkeit. Im Mai 2011 überholte Apple Google als wertvollster Markenname der Welt. Ein paar Monate darauf starb Steve Jobs an Krebs.

Trotz seines Erfolgs als Geschäftsmann und trotz seines Ruhms blieb der Milliardär Jobs als Person ein Rätsel. Er gab nur selten Interviews und untersagte seinen PR-Leuten, etwas über ihn auszuplaudern. Ja, er war ein Vegetarier, ein Buddhist, ein Perfektionist im Rollkragenpullover, ein Held in Turnschuhen. Und er war krank. So krank, dass er im August 2011 seinen Posten als CEO von Apple abgab. Aber wie krank er genau war, blieb zeit seines Lebens unklar.

Wie auch immer, wer ist denn nun die Schwester des Apple-Gurus?

Das fragte Steve Jobs sich auch. Erst mit dreißig Jahren – er war bereits Millionär und bekränzt im Weißen Haus – lernte er sie kennen. Steve Jobs' biologische Eltern, eine amerikanische Mutter und ein syrischer Vater, hatten ihn zur Adoption freigegeben, als er noch ein Baby war – sie waren noch nicht verheiratet gewesen. Als sie später heirateten und eine Tochter bekamen, behielten sie diese. Mona. Sie trägt den Nachnamen ihres Stiefvaters, weil ihr echter Vater aus ihrem Leben verschwand, als sie vier war. Mona Simpson.

Das Treffen zwischen Bruder Steve und Schwester Mona, Mitte der Achtzigerjahre, war ein Fest des Wiedererkennens. Zwischen ihnen waren kaum zweieinhalb Jahre Altersunterschied, und sie sahen sich sehr ähnlich. Das längliche Gesicht mit der pfeilförmigen Nase, das spitze Kinn, die dunklen Züge ihres arabischen Vaters. Beide waren intelligente und leidenschaftliche junge Menschen. Mona entpuppte sich als Schriftstellerin, ausgebildet an den Universitäten von Berkeley und Columbia. Sie arbeitete gerade an einem Roman über eine alleinstehende Mutter, die mit ihrer zwölfjährigen Tochter aus dem Mittleren Westen nach Kalifornien zieht – die Parallelen zu ihrer eigenen Jugend waren offensichtlich. Der Roman mit dem Titel *Bel Air* erschien 1986, wurde ein Bestseller und 1999 sogar verfilmt, mit Susan Sarandon und Natalie Portman in den Hauptrollen. 1992 erschien Monas zweiter Roman, *Der ferne Vater*. Wieder ein Erfolg, wieder auf ihrer Kindheit basierend, auf dem Vater, der sie verlassen hatte.

Aber Bruder und Schwester hatten einander gefunden. Mona Simpson hatte *Bel Air* ihrem neuen Bruder gewidmet, der auf ihrer Buchpräsentation vorbeischaute. Jobs sei so stolz gewesen, dass er mehrere Exemplare des Buches in seinem Büro aufbewahrte und an Kollegen verteilte, schreibt Alan

Deutschman in seiner Biografie. Und als der Computerguru 1991 heiratete, erstaunte es niemanden, dass Schwester Mona zu der Handvoll Hochzeitsgäste gehörte.

Aber trotz der schnellen Vertrautheit von Bruder und Schwester gab es zwischen den beiden einen entscheidenden Unterschied. Der mysteriöse Jobs machte die Arbeit zum Kern seiner Person, während seine Schwester gerade das Persönliche zum Kern ihrer Arbeit machte. Sie war ein offenes Buch, er so unpersönlich wie ein Icon auf dem Desktop. Das ging schief, denn als Schwester hatte Mona Simpson einen einzigartigen Zugang zum Privatleben von Steve Jobs.

1996 erschien *Ein gemachter Mann*, Simpsons lange erwarteter dritter Roman. Die Parallelen zwischen Hauptfigur Tom Owens und Bruder Steve Jobs waren schon fast banal. Tom Owens war adoptiert, arabischer Herkunft, ein Schulabbrecher, Vegetarier und der arbeitssüchtige Eigentümer einer Computerfirma mit dem Namen Genesis.

Gemäß Deutschman begannen Freunde von Jobs sich zu fragen, ob alles, was das Buch beschrieb, auch wahr war. Was sollte man von der Sexszene mit der sechzehnjährigen Jungfrau halten? Anfänglich war Jobs die Gleichgültigkeit in Person: Ein Roman war ein Roman. Doch später offenbarte Mona Simpson, dass das Buch zu einem zwischenzeitlichen Vertrauensbruch geführt hatte – ziemlich heftig für Geschwister, die sich erst viele Jahre nach ihrer Geburt getroffen hatten.

Wenn man Mona Simpson Glauben schenkt, sind die Parallelen in *Ein gemachter Mann* übrigens rein zufällig. Und, das muss gesagt sein, lächerliche Zufälle sind ihr nicht fremd. Mona Simpsons Exmann war Drehbuchautor bei den *Simpsons*. Sein Name: Richard Appel.

3

Die Nutznießer

Am Freitag, den 29. April 2011, heiratete der britische Prinz William Kate Middleton. Die Hochzeit beherrschte schon seit Tagen die Nachrichten. Am großen Tag selbst arbeitete ich als Redakteur im Newsroom des *NRC Handelsblad*, der niederländischen Tageszeitung, bei der ich angestellt bin. Die Fernseher in der Redaktion zeigten nicht wie sonst die neuesten Nachrichten, sondern die Live-Übertragung der Trauung. Die Redakteure des *NRC* waren anfänglich nicht besonders interessiert. Eine Zeitung musste gemacht werden, und außerdem: Wie spannend konnte solch eine Hochzeit schon sein?

Doch während sich die Westminster Abbey immer mehr füllte, passierte in der Redaktion etwas Ungewöhnliches. Die Stimmung schlug um. Zuerst standen ein, zwei Redakteure von ihren Stühlen auf, um sich die Trauung aus der Nähe anzusehen. Ein paar Minuten später – die Braut Kate Middleton war inzwischen in der Kirche – standen auf einmal zehn Redakteure schweigend vor dem Fernseher, inklusive der halben Chefredaktion. Und sie blieben dort minutenlang mit starrem Blick stehen. Erst lange nach dem Jawort zogen sie wieder ab.

Nie in meinen Jahren bei der Zeitung hatte ich unsere Redaktion dabei ertappt, royalistisch zu sein. Das konnte nicht die Erklärung für die plötzliche Aufmerksamkeit für diese Hochzeit sein. Die Aufmerksamkeit war, so vermute ich, eher eine Folge der Aufmerksamkeit selbst; das Bewusstsein, dass sich im gleichen Moment hundert Millionen Menschen die gleichen Bilder ansahen. Der Soziologe Abram de Swaan fasste dies in seinem bereits erwähnten Essay *Warum Ruhm?* in passende Worte. Den Text schrieb er 1969, als die Welt noch in die italienische Schauspielerin Sophia Loren verliebt war. »Gerade die Mär, dass die gesamte Menschheit sich für Sophia Loren interessiert, beweist, dass die Welt sich nach Loren ausgerichtet hat und dass, wer sich für sie interessiert, sich zum Mittelpunkt der Dinge hin richtet, dem Brennpunkt der weltweiten Aufmerksamkeit«, schrieb de Swaan. »Sie ist berühmt, weil sie berühmt ist, sie bekommt die Aufmerksamkeit des Einzelnen, weil sie die Aufmerksamkeit aller bekommt. So gehören wir doch wieder alle zusammen.«

Gemäß dem amerikanischen Kulturforscher Leo Braudy, Autor von *The Frenzy of Revolution* (1986), finden Menschen Berühmtheiten außerdem faszinierend, weil sie irgendwie »echter« wirken als sie selbst. Ihr Gesicht ist überall, also sind Berühmtheiten nicht länger anonym. Sie werden gesehen, also existieren sie. Das Bedürfnis, Freunden und Familie Ferienfotos zu zeigen, funktioniert genauso. Die Ferien werden noch wirklicher, wenn sie für andere sichtbar sind. Ebenso der Erfolg von Facebook: Jeder kann mich sehen, also darf ich da sein.

Aber auch wenn es durch Medien wie Facebook und Twitter leichter geworden ist, Aufmerksamkeit auf sich zu ziehen, echte Berühmtheit ist den meisten Menschen noch immer nicht vergönnt. Doch nur Mut, schreibt Leo Braudy: »Als Kompensation haben wir die Berühmtheit der anderen, der Menschen, die wir hätten sein können, wenn das Schicksal oder gar unsere eigenen Entscheidungen uns das nicht vorenthalten hätten.« Darum, so schreibt Braudy, identifizieren Menschen sich mit Stars: Sie erheben uns aus der »machtlosen Anonymität«, sei es auch nur für kurze Zeit.

In den Vereinigten Staaten ist das Imitieren von Stars gar eine echte Industrie. Über Websites wie celebrityimpersonators.com lassen sich für Betriebsfeiern oder Messen unzählige Imitatoren buchen, von Albert Einstein bis Bill Clinton, von Andre Agassi bis Angelina Jolie.

Manchmal geht der Nachahmungsdrang aber schon sehr weit. Die MTV-Sendung *I Want a Famous Face* begleitete vor einigen Jahren junge Menschen, die sich unters Messer legen, um ihrem Idol ähnlich zu sehen. Eine Folge begleitete die 26-jährige Gia, einen »transsexuellen Pornostar«, der aussehen wollte wie die frühere Baywatch-Darstellerin Pamela Anderson. Gia hatte sich die Brüste vergrößern, ihre Nase und den Haaransatz anpassen und an Bauch und Kinn Fett absaugen lassen. Ihre Lachfältchen hatte sie sich dagegen mit Fett unterspritzen lassen. Alles für einen Durchbruch als Schauspielerin.

So pervers der Wunsch von Gia auch sein mag, so ist er im Prinzip nur ein extremes Beispiel des allgemeinen menschlichen Bedürfnisses, sich mit Stars zu identifizieren.

Geschwister berühmter Menschen nehmen unter den Nicht-Berühmten eine Sonderstellung ein. Sie kennen den Star wie sonst kaum jemand und haben einen einzigartigen Zugang zu ihm. Der Ruhm liegt ihnen buchstäblich in den Genen. Die Versuchung, sich im Windschatten des Erfolgs zu bewegen, kann dann unwiderstehlich werden. Denn auch wenn sie wie alle anderen Nachahmer nur ein Generikum sind, sind sie immerhin ein Generikum der ersten Stunde. Mit garantierter Aufmerksamkeit.

Die folgenden Porträts beschäftigen sich mit Menschen, die aus verschiedenen Gründen den Windschatten ihrer weltberühmten Geschwister schätzten. Ob aus purer Gehorsamkeit, wie Paula Hitler, oder aus Opportunismus, wie Elisabeth Nietzsche. Und es gibt Geschwister wie Billy Carter, die nach dem familiären Ruhm greifen, um einen Teil davon abzubekommen. Bruder oder Schwester als Berufung.

BILLY CARTER

*B*is sich Jeb Bush, Bruder von George W. Bush, 2015 als Präsident der Vereinigten Staaten ins Gespräch brachte, war der berühmteste Bruder eines amerikanischen Präsidenten zweifellos Billy Carter, zwölfeinhalb Jahre jünger als Jimmy. Er war rotblond und gedrungen, trank Bier und rauchte Kette. Billy Carter war nie um einen perfekten Spruch verlegen. »Ich bin ein echter Südstaatenjunge«, sagte er. »Ich habe einen roten Nacken, trage weiße Socken und trinke Blue Ribbon Beer.« Die Presse, herbeigeströmt, um die Geburtsstätte des demokratischen Präsidentschaftskandidaten auszukundschaften, notierte das gierig. Billys Tankstelle in Plains, Georgia, wurde 1976 zum inoffiziellen Nachrichtenzentrum des Wahlkampfs. Sein Image als gewöhnlicher Junge half der Popularität des elitär wirkenden Jimmy auf die Sprünge, der von 1977 bis 1981 vier Jahre lang im Weißen Haus residieren durfte.

Die Carters waren Erdnussbauern. Billy war vorherbestimmt, den Familienbetrieb von Vater Carter zu übernehmen, aber weil der starb, als Billy erst sechzehn war, übernahm der volljährige Jimmy das Ruder. »Billy fühlte sich verloren. Er wollte den Betrieb führen«, sagt Schwester Ruth in einer Biografie. 1970 bekam er dann doch die Zügel in die Hand, weil Jimmy Gouverneur von Georgia wurde. Billy Carter hatte einen ausgeprägten Geschäftssinn und war fleißig: Sein Arbeitstag begann um sechs Uhr morgens, und die Geschäfte liefen wie geschmiert. »Ich habe mehr Gewinn gemacht als Jimmy«, erzählte er später stolz.

Doch dann wurde Jimmy Präsident. Billy verlor den Familienbetrieb erneut: Er wurde in einer Stiftung untergebracht, um den Anschein von Interessenkonflikten zu vermeiden. Seiner Arbeit beraubt, konzentrierte sich Billy Carter fortan ganz auf seine Karriere als »First Brother«. Er tourte durchs Land, beteiligte sich an Erdnussweitwurf- und Bauchklatscherwettkämpfen und bekam dem Vernehmen

ICH HABE MEHR GEWINN GEMACHT ALS JIMMY.

Billy Carter

nach für jeden Fernsehauftritt fünftausend Dollar. Journalisten aus der ganzen Welt pilgerten zu seiner Tankstelle, wenn Präsident Jimmy wieder einmal in Plains war.

Billy fuhr einen nach ihm selbst benannten Wagen – Billy Carters Redneck Power Pick-up –, und 1977 lancierte er eine eigene Biermarke, Billy Beer. Nicht, dass er dieses Bier selbst trank: Er bevorzugte Budweiser, auch zum Frühstück. Er bekam ein echtes Alkoholproblem.

Zu Hause, bei Frau und Kindern, war Billy ein vollkommen anderer Mensch. Nicht immer zum Lachen aufgelegt und gesprächig, sondern meist griesgrämig und schweigsam. Oder wütend. In seinem Jähzorn riss er einmal das Telefon von der Wand und schmiss es durchs Fenster. »Das Glas durften wir zwei Tage lang nicht wegräumen«, erzählte sein Sohn William in einem Buch über seinen Vater. »Niemand konnte ihn durchschauen, nicht einmal meine Mutter.«

Die Alkoholsucht brachte Bruder Jimmy in ernste Verlegenheit. »Was ich als Präsident des mächtigsten Landes der Welt auch tat, Monate später war die Presse in Washington immer noch wie besessen von meinem Bruder und seinem Alkoholismus«, sagte er.

Aber richtig ernst wurde es erst, als Billy sich nach einem Besuch im von Gaddafi regierten Libyen Ende 1978 offiziell als Vertreter Libyens registrieren ließ. Billy empfing in Amerika libysche Geschäftsleute und versuchte, für ein amerikanisches Unternehmen Ölgeschäfte zu regeln. Libyen überwies mindestens zweihundertzwanzigtausend Dollar auf Billys Konto. Verurteilt wurde Billy für seine Taten nicht, aber die negativen Schlagzeilen waren katastrophal für Bruder Jimmy. Eine Senatskommission kam in ihrem Bericht zum Schluss, dass Präsident Carter sich deutlicher von den Aktivitäten seines Bruders hätte distanzieren müssen. Der Senatsbericht erschien einen Monat vor den Präsidentschaftswahlen 1980, die Jimmy Carter verlor.

Billy Carter besiegte schließlich seine Alkoholsucht. Aber gegen seinen neuen Feind, den Krebs, konnte er nicht gewinnen. 1988 starb er mit einundfünfzig Jahren.

Ex-Präsident Carter hatte auch weiterhin eine Schwäche für seinen Bruder, trotz allem. Auf Jimmys Initiative hin wurde die Tankstelle von Billy

Carter 2008 zum Museum. Zwei Jahre später wurde sie auf Beschluss des amerikanischen Repräsentantenhauses gar zum historischen Erbe erhoben.

Billys Bekanntheit in Plains, Georgia, bleibt vorerst bestehen.

ELISABETH NIETZSCHE

*E*lisabeth Nietzsche wurde 1846 geboren, starb 1935 und verbrachte die dazwischen liegenden neunundachtzig Jahre am liebsten damit, für außergewöhnliche Männer zu schwärmen. Sie hatte Glück, denn der erste außergewöhnliche Mann stand direkt zur Verfügung: ihr Bruder Friedrich. Nachdem ihr Vater 1849 und ihr jüngerer Bruder 1850 gestorben waren, war Friedrich der einzige Mann im Haus. Er wurde von den Frauen um ihn herum in den Himmel gehoben, vor allem von seiner Schwester. Der Altersunterschied zwischen Bruder und Schwester betrug nur zwei Jahre, ihre IQs jedoch lagen meilenweit auseinander.

Mit vierzehn Jahren erhielt Friedrich Nietzsche ein Stipendium. Er durfte nach Pforta, ein Internat mit internationalem Renommee in der Nähe von

Naumburg. Bruder Friedrich versuchte, den Kontakt zu seiner kleinen Schwester weiter aufrechtzuerhalten – er schickte Briefe an die »liebe Lisbeth« und lud sie an Schulfeste ein, aber die Distanz zwischen Bruder und Schwester wurde immer größer: Er unternahm einsame Höhenflüge, sie blieb ihr Leben lang nah am Boden.

So konnte sie nicht verkraften, dass Friedrich sich 1882 in eine Frau verliebte, die alles hatte, an dem es ihr selbst fehlte. Lou Salomé war klug, unabhängig und über die Maßen kokett. Obwohl Lou Salomé schon bald von der Bildfläche verschwand, näherten Elisabeth und Friedrich sich nicht wieder an.

Dass Elisabeth 1885 einen gewissen Bernhard Förster heiratete, half auch nicht wirklich. Friedrich Nietzsche verabscheute seinen Schwager und dessen Ideen. In einer Zeit lange vor dem Dritten Reich war Förster bereits ein bekennender Judenhasser.

Elisabeth hatte einen neuen außergewöhnlichen Mann gefunden, den sie anhimmeln konnte. Bernhard Förster war gar so außergewöhnlich, dass er 1888 mit Elisabeth und vierzehn deutschen Familien im Schlepptau in den paraguayischen Dschungel auswanderte, um dort ein rassenreines Deutschland zu gründen: Nueva Germania, eine Sonderklasse von tadellosen Deutschen. Doch die Realität des Urwalds war stärker als der fehlgeleitete Nationalismus. Malariamücken, Schlangen und andauernder Regen machten das Abenteuer zu einem grotesken Misserfolg und waren der Grund für Försters Suizid im Jahr 1889.

Ausgerechnet in diesem Jahr begann im echten Deutschland der mentale Verfall Friedrich Nietzsches. Schwester Elisabeth nutzte die Gelegenheit: Sie ließ ihre Mutter ein Telegramm nach Paraguay schicken mit der Bitte, zurückzukehren, um sich um ihren Bruder zu kümmern. So konnte Elisabeth das misslungene Rassenprojekt erhobenen Hauptes verlassen: Sie wurde zu Hause gebraucht.

Sie nahm sich ihres Bruders an, der inzwischen berühmt war. Friedrich Nietzsche hatte Gott für tot erklärt und stellte sich den Menschen als freien Denker vor. Als Übermenschen. Seine Ideen waren das absolute Gegenteil von jenen seiner nationalistischen, antisemitischen Schwester. Für Spannungen sorgte das allerdings nicht, denn von dem

»Philosophen mit dem Hammer« war nicht mehr viel übrig. Ein Freund schrieb 1892 über ihn: »Die größte Erregung zeigt er beim Lesen: Das Blut steigt ihm da zu Kopf, und seine Rede wird zu Gebell und Gepolter. Vom Verständnis dessen, was er liest, ist keine Rede mehr.«

Elisabeth Nietzsche hatte also freie Bahn, ihren Bruder so anzuhimmeln, wie es ihr passte. Sie machte eine Villa in Weimar zum Nietzsche-Archiv und lud Journalisten ein, sich den berühmten Philosophen mit eigenen Augen anzuschauen. Was sie sahen, war ein brabbelnder Patient, der mit kleinen Stückchen Torte gefüttert wurde. Friedrich Nietzsche starb 1900.

Ein Jahr später veröffentlichte Elisabeth sein Werk *Der Wille zur Macht*, beschmutzt mit ihren eigenen antisemitischen Ideen. So schuf sie die Grundlage für den späteren politischen Missbrauch Nietzsches durch die Nazis.

Elisabeth erlebte den Aufstieg der Nazis selbst mit. Sie erklärte stolz, dass die Gemeinsamkeit zwischen den Nationalsozialisten und Nietzsche in der Heldenhaftigkeit beider Seelen liege. Das Konzept des Übermenschen sprach die Nazis plötzlich sehr an. Adolf Hitler schaute im Archiv vorbei, und so hatte Elisabeth Nietzsche erneut einen außergewöhnlichen Mann an der Angel.

Diesmal war die Schwärmerei vollkommen gegenseitig: Hitler liebte Elisabeth für den Friedrich Nietzsche, den sie ihm geschenkt hatte. 1935 verschwand die kleine Schwester mit einem Staatsbegräbnis unter der braunen Erde.

RUDY CLAY

*E*s ist ein interessantes Gedankenexperiment: Wie hätte das Leben von Rudy Valentino Clay wohl ausgesehen, wenn er nicht zwei Jahre jünger gewesen wäre als sein Bruder Cassius – besser bekannt als der Boxer Muhammad Ali –, sondern zwei Jahre älter?

Vermutlich wäre Rudy als großer Bruder schlechter dran gewesen. Vom ältesten Kind wird erwartet, den Weg vorzugeben, mit dem Vorsprung an Lebensjahren als Legitimation für Befehlsgewalt. Als jüngerer Bruder hätte Cassius Clay diese Machtverhältnisse von Anfang an infrage gestellt. »Wieso ist mein Bruder der Größte, der Stärkste, der Beste? Ich bin der Beste von allen.« Er hätte seinen großen Bruder herausgefordert – an allen Fronten. Wäre sein Bruder schnell gerannt, wäre er schneller gerannt. Hätte sein Bruder hart zugeschlagen, hätte er härter zugeschlagen. Und wenn nicht, dann hätte er seinen Bruder auf jeden Fall verbal übertrumpft.

Gott sei Dank blieb Rudy Clay dieses Schicksal erspart. Er war zwei Jahre jünger und konnte sich in aller Ruhe in den Windschatten seines großen Bruders Cassius begeben.

Als Rudy im Jahr 1943 in Louisville, Kentucky, geboren wurde, war Cassius bereits *in charge*. Der große Bruder konnte laufen, als er zehn Monate alt war. Lieber noch rannte er überallhin, furchtlos, wie er war. Und er brabbelte als Baby so laut vor sich hin, dass die Erwachsenen über ihn lachen mussten. Cassius war der große Bruder – schon mit vier Jahren stellte er sich schützend vor seinen kleinen Bruder, wenn die Mutter ihm eins hinter die Ohren geben wollte: »Du darfst mein Baby nicht schlagen«, sagte Cassius dann. Mit acht Jahren hielt er stundenlange Reden vor Horden von Nachbarsjungen.

Wie konnte Rudy Clay da nicht vom großen Cassius beeindruckt sein?

Eines schönen Tages landete der große Bruder in einer Boxschule. Ein Trainer bot ihm Unterricht an, aber Cassius tauchte dort erst auf, als er gesehen

Boxlegende Cassius Clay (rechts)
mit Sparringspartner Rudy Clay, 1963

hatte, dass die Wettkämpfe der Boxschule im Lokalfernsehen gezeigt wurden. Das gefiel ihm. Und Cassius nahm seinen kleinen Bruder mit, der in erster Linie die Aufgabe hatte, ihm behilflich zu sein. Auf Aufforderung von Cassius warf Rudy Steine nach dessen Körper, vor denen sich der große Bruder dann behände wegduckte.

Selbst boxte Rudy auch, aber immer abseits der großen Bühnen. Die Brüder wurden nie zu Rivalen – trotz des gleichen Körperbaus wählten sie in der Vorbereitung für die Olympischen Spiele 1960 in Rom absichtlich verschiedene Gewichtsklassen. Doch während Rudy nicht einmal die Qualifikation überstand, holte Cassius in Rom olympisches Gold im Halbschwergewicht.

Die Boxerkarriere von Cassius Clay wurde, das ist bekannt, legendär. Er wurde dreimal unumstrittener Boxweltmeister im Schwergewicht. Er besiegte alle großen Namen seiner Zeit. Patterson. Liston. Frazier. Foreman. Er zog sie auf, indem er ankündigte, in welcher Runde er sie k. o. schlagen würde. *»This guy is done, I'll stop him in one.«* *»Don't make me wait, I'll whop him in eight.«* Meistens hatte er sogar recht damit.

Und Rudy? Der wurde auch Profiboxer und durfte manchmal im Vorprogramm seines Bruders kämpfen, der ihm treu dabei zuschaute. Nach einem schmerzhaften Kampf in Miami 1964 konnte Cassius das Leiden seines boxenden Bruders nicht mehr mit ansehen, schreibt Journalist David Remnick in der Biografie *King of the World*: »Nach heute Abend brauchst du nicht mehr zu kämpfen«, sagte der große Bruder zum Trost. Rudy wurde Teil der Entourage seines Bruders, ein Sparringspartner und der Verantwortliche für seinen Gebissschutz und die Wasserflasche.

Im gleichen Jahr, 1964, änderte Cassius Clay seinen Namen in Muhammad Ali, inspiriert von den schwarzen Anführern der Nation of Islam. Das Publikum und die Medien waren irritiert. Sein kleiner Bruder Rudy nicht: Auch er entschied sich, seinen »Sklavennamen« Clay abzulegen. Rudy hieß jetzt Rahaman Ali. Ab jetzt beteten die beiden Brüder vor jedem Boxkampf. Zumindest dann, wenn sie herausgefunden hatten, welche Ecke der Garderobe in Richtung Mekka zeigte.

Neben Allah betete Muhammad Ali vor allem sich selbst an. Vor einem Boxkampf in London gegen den Engländer Henry Cooper stieg er im Hermelinmantel und mit einer Krone auf dem Kopf in den Ring. Nachdem er wieder einmal gesiegt hatte, rannte Rudy prompt zu seinem Bruder, um ihm die Krone wieder aufzusetzen.

Jeder König hat seinen Lakaien.

PAULA HITLER

Gustav starb, als er zweieinhalb war. Ida wurde nicht einmal anderthalb. Otto war nicht einmal ein Jahr alt, als er starb, und ihr Bruder Edmund wurde keine sechs. So geschah es, dass Paula Hitler nur einen einzigen vollwertigen Bruder übrig hatte: Adolf, sieben Jahre älter und nicht unbedingt ein Familienmensch. Der Bruder wurde der Anführer, und die Schwester tat – so wie Millionen andere – nicht viel mehr, als zu folgen.

Das begann schon in jungen Jahren: Für sie war ihr Bruder Adolf die Vaterfigur, denn ihr Vater Alois Hitler starb, als Paula noch keine sieben Jahre alt war. Adolf schlug Paula, ebenso wie der Vater ihn geschlagen hatte. In ihrem Tagebuch, das 2005 von den Historikern Florian Beierl und Timothy Ryback gefunden wurde, rechtfertigte sie die Gewalttätigkeit ihres Bruders: Die Schläge seien gut für ihre Erziehung.

Auch direkt nach dem Zweiten Weltkrieg waren Paulas Erinnerungen an ihren Bruder rosig: »Ich erinnere mich vor allem an seine Fröhlichkeit und an sein außergewöhnliches Interesse für Geschichte, Erdkunde, Architektur, Malerei und Musik«, sagte sie zu dem amerikanischen Offizier, der sie in Berchtesgaden verhörte. »Sehr oft richtete er rhetorisch das Wort an meine Mutter und mich, zu Themen wie Geschichte und Politik.« Die Mutter, Klara, starb 1907 an Brustkrebs. Paula war nicht einmal zwölf, als sie zur Waisen wurde. Ihr Bruder, damals achtzehn Jahre alt, ließ seine Kindheit prompt hinter sich und zog nach Wien, Paula blieb in Linz bei einer Tante zurück und erlernte an einer Mädchenschule das Tippen auf der Schreibmaschine. Ihr Bruder schenkte ihr einen Teil der Waisenrente, aber Briefe bekam sie nicht mehr von ihm.

Erst mit vierundzwanzig Jahren sah sie ihn wieder, zwei Jahre nach dem Ersten Weltkrieg. Paula dachte, ihr Soldatenbruder sei im Krieg umgekommen. »Als er in mein Haus trat, erkannte ich ihn zuerst nicht. Es war, als sei er vom Himmel gefallen«, sagte Paula während des Verhörs. »Ich war daran gewöhnt, im Krieg allein zu sein.« Es wurde sogar richtig unterhaltsam: »Was mich am meisten beeindruckte, war, dass er mit mir einkaufen ging. Jede Frau geht gern einkaufen.«

1930 verlor Paula ihre Stelle bei einer Wiener Versicherung, möglicherweise wegen ihres schon damals berüchtigten Nachnamens. Nach ihrer Kündigung bekam Paula jedoch eine monatliche Unterstützung von Adolf. Zuerst in Schilling und ab 1938 in Reichsmark, weil ihr Bruder aus Österreich Deutschland gemacht hatte. Inzwischen hieß sie schon seit ein paar Jahren nicht mehr Paula Hitler: Auf die dringende Bitte ihres Bruders hin trug sie seit 1936 einen anderen Nachnamen. Paula Wolf musste sie sich nennen, und sie musste inkognito leben. Besser für ihre Sicherheit, sagte er. Und wahrscheinlich besser für sein Image. Denn welcher Alleinherrscher über ein tausendjähriges Reich hat schon eine kleine Schwester?

Paula Wolf sah ihren Bruder meist nur noch an nationalsozialistischen Großveranstaltungen. Sogar dann rückte er nicht damit heraus, dass sie seine Schwester war. 1941 sah sie ihn zum letzten Mal.

Während des Krieges wohnte Frau Wolf in Wien, und sie arbeitete einige Jahre lang in der Verwaltung eines Krankenhauses. Sie genoss den Luxus eines von ihrem Bruder finanzierten Wochenendhauses im österreichischen Weitental, dessen Gemüsegarten ihr Paradies auf Erden war.

Direkt vor diesem Wochenendhaus hielt im April 1945 ein Auto, geschickt von ihrem Bruder. Paula stieg ein und wurde ins Naziquartier in Berchtesgaden gefahren. Dort erlebte sie das Ende des Krieges. Die Amerikaner kamen, Paula wurde verhört. Sie enthüllte, dass sie Hitlers Schwester war, und bemerkte, dass sie um den toten Adolf traure. »Er blieb mein Bruder, was auch passiert war«, sagte die 49-jährige Paula während ihres Verhörs am 12. Juli 1945. »Sein Tod brachte mir als Schwester unbeschreibliches Leid.« Worauf sie in Tränen ausbrach.

In ihren Verhören präsentierte sie sich als apolitischer Mensch. Dass ihr Bruder für den Holocaust verantwortlich sein sollte, wollte sie nicht glauben. Außerdem vermisste sie ihren Gemüsegarten.

Doch so unschuldig und weltfremd war Paula Hitler nicht, das entdeckten die Historiker Ryback und Beierl. Paula Hitler war während des Krieges offenbar verlobt mit Erwin Jekelius, einem österreichischen Arzt, der im Zuge der »Euthanasie« für die Vergasung von viertausend Patienten verantwortlich war. Jekelius war sogar nach Berlin gereist, um bei Adolf Hitler um Paulas Hand anzuhalten. Der aber sagte Nein und schickte Jekelius als Arzt an die Ostfront. Er kehrte nicht zurück: Paulas ehemaliger Zukünftiger starb 1952 als Zwangsarbeiter in einem sowjetischen Arbeitslager.

Paula ließ sich nach dem Krieg in Berchtesgaden nieder, in einer kleinen Wohnung in der Nähe des Bahnhofs. Noch immer nannte sie sich Frau Wolf. Aber es war in Berchtesgaden ein offenes Geheimnis, dass sie Adolf Hitlers Schwester war. 1960 starb sie – kinderlos und vierundsechzig Jahre alt – an Krebs. Auf ihrem Grabstein steht der Name, den sie zu Lebzeiten verschwiegen hatte: Paula Hitler.

ROBERTO ESCOBAR

Roberto Escobar hatte sein Leben gut im Griff. Nach einer Profikarriere als Radrennfahrer wurde er ein erfolgreicher Geschäftsmann. Ihm gehörten eine Fabrik und fünf Fahrradgeschäfte, und er hatte Dutzende Angestellte. Er war verheiratet und hatte mehrere Kinder. Außerdem hatte er einen Abschluss als Elektroingenieur und Buchhalter. Warum folgte er trotzdem seinem Bruder auf den falschen Weg?

Gemäß Roberto gab es kein Entkommen: Sein Bruder Pablo, ein weltberühmter kolumbianischer Drogenbaron, war einfach zu groß, zu wichtig. »Ich war eine Zielscheibe, aus dem einfachen Grund, dass ich Pablos Bruder war. Also musste ich mich wohl oder übel unter seinen Schutzschirm begeben«, sagte er 2009, Unschuld vortäuschend, einem

Journalisten. Tatsächlich war Pablo Escobar noch unbekannt, als sich Roberto dem kriminellen Zirkel seines Bruders anschloss.

Es begann mit dem Schmuggeln von Zigaretten, Uhren und anderen Waren. Ob Roberto sich der Geldsachen annehmen würde, fragte Bruder Pablo. Konten eröffnen, in Immobilien investieren. Warum eigentlich nicht, dachte Roberto. Er war Buchhalter, außerdem standen die Brüder Escobar sich sehr nahe. Zwischen ihnen lagen nur drei Jahre Altersunterschied, und sie hatten ihre Kindheit gemeinsam auf dem kleinen Bauernhof ihrer armen Eltern und später in den Straßen von Medellín, einer der größten Städte Kolumbiens, verbracht. Mit dem Lohn ihrer ersten kleinen Jobs gingen sie zusammen zu Prostituierten, erinnert sich Roberto in seinem 2009 erschienenen Buch *Escobar*. Und wenn Roberto Radrennen fuhr, war Pablo als Assistent dabei. »Damals war ich sein Held«, schreibt Roberto.

Später wechselten sie endgültig die Rollen. Der kriminelle Pablo verdarb seinen Buchhalter Roberto, unter anderem, indem er ihm eine Pistole schenkte. »Die brauchst du«, sagte Pablo.

Nach den Uhren und dem Tabak kam der Handel

mit Kokain. Ein guter Zeitpunkt: Mitte der Siebzigerjahre hatte Amerika die Droge entdeckt. Ein Kilo brachte beinahe einhundertfünfzig Dollar ein. Ein gewinnbringendes Geschäft also, auch dank der erfinderischen Schmuggelmethoden von Drogenboss Pablo. Er mischte das Kokain mit getrocknetem Fisch, steckte es in Pferdevaginas, verarbeitete es in Glasfaser und sogar in Jeans. Kein Hund roch das.

Millionen von Dollars schwappten ins Haus. Buchhalter Roberto versteckte sie unter Schwimmbädern oder in den Zwischenräumen von kolumbianischen Wohnungen und zahlte den Bewohnern ein Schweigegeld.

Pablo Escobar schmierte Politiker, Beamte und Polizisten. Oder er brachte sie um. Zur Ermordung eines kolumbianischen Präsidentschaftskandidaten platzierte er 1989 eine Bombe in einem Passagierflugzeug. Ganze einhundertsieben Menschen kamen ums Leben, aber nicht der Präsidentschaftskandidat. Der war nämlich gar nicht an Bord. Gemäß der Wirtschaftszeitschrift *Forbes* war Pablo Escobar 1989 mit neun Milliarden Dollar der sechstreichste Erdenbewohner.

Bruder Roberto war der Logistikmanager, der

DAMALS WAR
ICH SEIN HELD.

Roberto Escobar

Adolf Eichmann dieses Drogenimperiums. Und ebenso wie Eichmann hatte Roberto Escobar die Gabe, sich hinter seinem Schreibtisch sauber und unschuldig zu fühlen. Er lebte schlicht und einfach im Märchen seines Bruders. Pablo war so gut darin, schlecht zu sein, dass es schon fast nach einer Tugend aussah. Robertos Buch *Escobar* ist denn auch mit Stolz geschrieben. Nein, Pablo war kein Gutmensch, aber er hatte eine »gute Seele«. Vor allem war es eine lebende Legende. Roberto selbst war nur sein Bruder. Mein Blut ist mein einziges Vergehen, sagte er einmal zur Polizei.

Von Gleichwertigkeit war zwischen den Brüdern keine Rede. Roberto widersprach Pablo nicht. Oder, wie er selbst sagt: »Pablo und ich hatten nie Streit.« Roberto war auch schlechter gerüstet gegen den Druck einer kriminellen Existenz. Während er in Panik geriet, wenn die Polizeihelikopter wieder einmal auf der Suche nach ihnen waren, putzte Pablo ruhig weiter seine Zähne. Roberto hatte übrigens auch regelmäßig Grund zur Panik. Zuerst wurde seine Frau gefangen genommen, dann sein Sohn gekidnappt. Sein entführtes Rennpferd fand er kastriert wieder.

1993 wurde Pablo Escobar von der kolumbianischen Polizei erschossen. Roberto, damals schon hinter Gittern, verlor alle Hoffnung, so schreibt er. »Pablo war lange der Mittelpunkt des Universums gewesen. Es war schwierig, ohne ihn einen festen Boden unter die Füße zu bekommen.« Zwei Wochen später bekam Roberto im Gefängnis Post. Er öffnete das Paket, das vor seinen Augen explodierte. Die Briefbombe, ein Geschenk von Pablos Widersachern, tötete ihn nicht, ließ ihn aber halb erblinden und schwerhörig werden. Seit 2003 ist Roberto Escobar wieder auf freiem Fuß und leitet ein Museum, das seinem Bruder gewidmet ist.

Christopher Ciccone und
Madonna während der
Girlie Show World Tour,
1993

CHRISTOPHER CICCONE

*I*ch wurde geboren als der Sohn meiner Mutter, und ich werde sterben als der Bruder meiner Schwester«, sagte Christopher Ciccone. Es ist das Schicksal aller fünf Geschwister von Mega-Popstar Madonna, aber es gilt vor allem für ihn. Denn Christopher Ciccone, zwei Jahre jünger als Madonna, folgte ihr von Michigan nach New York, wohin sie 1977 als Neunzehnjährige zog, um ein Star zu werden. Madonnas kleiner Bruder hatte kein enges Verhältnis zum Rest der Familie, umso näher war er seiner Schwester. Er schlief auf dem dreckigen Boden ihrer Wohnung und leistete ihr Abend für Abend Gesellschaft, während sie in verrauchten Klubs auftrat. Er sprach seiner Schwester Mut zu und überzeugte sie, dass sie bestimmt nicht zu dick sei und auch wirklich singen könne.

In den Achtzigerjahren wurde sie ein Weltstar. *Holiday, Lucky Star, Borderline, Like a Virgin, Material Girl* – spricht man die Songtitel laut aus, drängen sich die Refrains ganz von selbst auf. Bruder Christopher, ein kreatives Talent, wurde ihr Bühnenbildner und einer der Hintergrundtänzer. Er war der künstlerische Leiter von späteren Tourneen wie *Blond Ambition* und *The Girlie Show* zu Beginn der Neunzigerjahre, und ebenso von *Truth or Dare*, Madonnas Dokumentarfilm aus dem Jahr 1991.

Doch die Arbeit für seine Schwester forderte ihren Tribut, so Ciccone. Du willst mein Hintergrundtänzer sein? Dann musst du auch mein Kostümassistent werden, fand Madonna. Du willst meine Häuser einrichten? Gerne, aber ich bezahle dich, wenn es mir passt. Du willst mein Vertrauter bleiben? Fang dann auch die Hustenbonbons auf, die ich ausspucke, bevor ich auf die Bühne gehe. Bruder Christopher nickte zustimmend – es war immerhin das Hustenbonbon einer Halbgöttin. Zu einem Journalisten sagte er: »Eigentlich fühlte ich mich zu gut dafür. Ich tat es, weil sie mich brauchte, aber in mir sammelte sich Groll.«

Die Bombe explodierte 2001. Madonna heuerte

für eine Tournee einen neuen Choreografen an, ohne ihren Bruder darüber zu informieren. Kurz zuvor erst hatte sie den britischen Regisseur Guy Ritchie geheiratet, ein Homophober, zumindest in den Augen des schwulen Christopher. Zudem ging seine eigene Beziehung, die zehn Jahre gedauert hatte, in dieser Zeit in die Brüche. »Zum ersten Mal seit Jahren«, sagte er in einem Interview, »stand ich ganz alleine da.«

Christopher Ciccone entwarf weiterhin Interieurs und arbeitete als Regisseur von Musikvideos, aber nicht mehr für seine Schwester. Er distanzierte sich von ihrem Leben. Christopher hatte es gemocht: die Auftritte, die Partys mit den Stars, mit denen er feierte, als wären sie seine eigenen Freunde. »Madonnas Leben war wie eine Droge für mich.« Und: »Es fiel mir schwer, mich als eine eigenständige Person zu sehen.« Christopher entschied, sich in Therapie zu begeben.

2008 veröffentlichte er seine Version des zerrütteten Geschwisterverhältnisses in dem Buch *Meine Schwester Madonnu und ich.* Der Megastar hörte erst von dem Buch, als es schon fast im Handel war. Sie schickte ihm eine E-Mail mit zwei Wörtern:

»*Call me.*« Was, wie Christopher in einem Interview berichtete, die Fronten nur verhärtete: »Das war alles. Ein Befehl.« Darauf wollte Christopher nicht mehr reagieren. Madonna versuchte, gegen die Veröffentlichung vorzugehen, aber ihre Anstrengungen waren vergebens. Das Buch erschien in einer Erstauflage von dreihundertfünfzigtausend Exemplaren und wurde ein Bestseller. Es dauerte vier Jahre, bis sich das Verhältnis zwischen Bruder und Schwester wieder verbesserte.

Christophers Status als »Bruder von« verfolgt ihn noch immer. Dann steht er in einem Café, und ein fremdes Mädchen fummelt plötzlich an seiner Hand herum. »Nur schnell Madonnas DNA spüren«, ist dann die Erklärung. Aber im Großen und Ganzen kann Christopher jetzt besser mit der Berühmtheit seiner Schwester umgehen. Wenn heute ohne Vorwarnung ein Lied von Madonna an seine Ohren dringt, dreht sich ihm nicht einmal mehr der Magen um.

LOTHAR VOSSELER

*I*n der britischen romantischen Komödie *Tatsäch-*
lich ... Liebe aus dem Jahr 2003 weist der neue
Premierminister von Großbritannien, Hugh Grant,
den Präsidenten der Vereinigten Staaten in einer von
Nationalismus durchtränkten Rede in seine Schran-
ken, live im Fernsehen. Die Schwester von Hugh
Grant, Hausfrau Emma Thompson, schaut von ihrem Wohnzimmer aus zu. »Dein Leben bekommt
eine ziemlich grausame Perspektive, wenn du die
Schwester des Premierministers bist«, sagt sie zu
ihrem Mann. »Was hat mein Bruder heute getan?
Er hat das Land verteidigt. Und was habe ich getan?
Ich habe einen Krebskopf aus Papiermaché gebas-
telt.«

Lothar Vosseler aus Detmold wird ganz genau
verstehen, was Emma Thompson damit meint. Im

September 1998 musste er mit ansehen, wie sein dreieinhalb Jahre älterer Halbbruder Gerhard Schröder Bundeskanzler wurde. Lothar selbst war arbeitslos. Am Tag nach Schröders Wahlsieg standen die Journalisten bei Lothar vor der Tür, panisch auf der Suche nach neuen Details aus dem Privatleben des frischgebackenen Bundeskanzlers. Aber die Aufmerksamkeit richtete sich schnell auf Lothar Vosseler selbst. War dieser magere Mann mit der fahlen Haut und der rauchigen Stimme wirklich der Bruder von Gerhard Schröder?

Artikel um Artikel erschien über den Versager Lothar. Dass er eine Ausbildung zum Heizungsinstallateur absolviert hatte, dass seine Frau an der Tankstelle um die Ecke arbeitete und dass er Mitte der Neunzigerjahre seine Stelle als Mitarbeiter in einem Datenverarbeitungszentrum in Bielefeld verloren hatte. Seitdem war der Bruder des Bundeskanzlers die meiste Zeit arbeitslos gewesen.

Seine schwierige Situation auf dem Arbeitsmarkt machte Lothar populär. Halb Deutschland hatte Ende der Neunzigerjahre Angst um die eigene Stelle. Die hohe Arbeitslosigkeit – 1998 fast zehn Prozent der arbeitenden Bevölkerung – hatte notabene zu

Schröders Wahlsieg beigetragen. Er hatte feierlich versprochen, die Arbeitslosigkeit von über vier auf unter dreieinhalb Millionen zu bringen. So bekam die Laufbahn von Lothar Vosseler politische Relevanz. Der Bundeskanzler musste sich mehrfach verteidigen: Wenn Ihr eigener Bruder keine Stelle findet, so die Frage, wie groß ist dann die Wahrscheinlichkeit, dass Sie Ihr Wahlversprechen in die Tat umsetzen?

Lothar wurde inzwischen ein Job nach dem anderen zugeschanzt: Arbeitgeber brüsteten sich gerne damit, den berühmtesten Arbeitslosen des Landes eingestellt zu haben. Er handelte mit Früchtebrot und durfte als Haustechniker in der Westfalen-Therme in Bad Lippspringe antraben. Und er tat ein Dreivierteljahr Dienst als Touristenführer eines U-Bootes auf Mallorca, im weißen Anzug und mit Kapitänsmütze auf dem Kopf. In den Broschüren der Tour war vermerkt, wer dieser »Kapitän« wirklich war.

Ab 1999 machte außerdem der *Kölner Express* Platz für eine wöchentliche Kolumne von Lothar mit dem Titel »So sehe ich es«. Dann teilte der seinen Lesern zum Beispiel mit, dass sein Bruder bei einem Besuch in China einen ziemlich unglücklichen Eindruck gemacht habe. »Der Gerd« aß mit Stäbchen und trank grünen Tee, während er lieber, so wusste Lothar, ein Schnitzel verspeist und dazu »ein frisch gezapftes Pils« genossen hätte.

Um die »politische Debatte« anzutreiben, nahm Lothar im Juni 2004 für kurze Zeit an der x-ten Staffel von *Big Brother* teil. Er wurde sogar angefragt, für ein Pornomagazin zu posieren, aber das ging »dem Lothar« zu weit.

Ein Buch über seine Jugendjahre schrieb er dagegen schon. Es erschien Ende 2004 in einer Auflage von einhundertachtundzwanzigtausend Exemplaren. Titel: *Der Kanzler, leider mein Bruder, und ich*. Über seine Beweggründe sprach Autor Lothar sich ehrlich aus: Sein Konto sei leer, nun wolle er aus den Familienbanden Profit schlagen.

Zwölf Jahre lang teilten sich die Halbbrüder ein Schlafzimmer, schreibt Vosseler in dem Buch. Die Jungen gaben einander Spitznamen, Gerd war »Acker« und Lothar »Zwockel«. Sie spielten im gleichen Fußballverein, TuS Talle. Sie klauten von einem Bauern ein Huhn. Gerd war gewitzter, so Vosseler. Er schnappte sich immer die meisten Hackfleischbällchen. Und die schönsten Mädchen, auch wenn Lothar zuerst ein Auge auf sie geworfen hatte.

Jetzt, wo sein Bruder Deutschland regierte, sah Vosseler ihn nur noch selten. Kein Wunder, so schreibt er, denn für Schröder seien Erfolg, Anerkennung und das eigene dicke Bankkonto schon immer wichtiger gewesen als die Familie. Bruder Gerd enthielt sich eines Kommentars.

2005 versiegte der Brunnen, aus dem Lothar seine geliehene Berühmtheit geschöpft hatte: Schröder machte Platz für Angela Merkel. Zwei Jahre später ging Vosseler in Pension, er war sechzig Jahre alt. Seinem alten Arbeitgeber, dem *Kölner Express*, erzählte er 2014, dass er mit seinem Bruder inzwischen »im Reinen« sei. Politik sei »kein Thema« mehr, sagte er. »Wenn wir uns sehen, fachsimpeln wir über Fußball.«

Leon Hendrix live in Hollywood, 2011

LEON HENDRIX

Jimi Hendrix war eine lebende Musiklegende, also lag es auf der Hand, dass er früh sterben würde. Der Gitarrenvirtuose und Schöpfer von Hits wie *Purple Haze* und *Voodoo Child* war siebenundzwanzig, als eine Überdosis aus Schlaftabletten und Alkohol ihn ins Jenseits beförderte. Außergewöhnlich ist, dass er aus diesem Jenseits heraus ein einmaliges Comeback auf der Erde hatte. Zumindest behauptet das Leon Hendrix, sein fünf Jahre jüngerer Bruder: »Gehüllt in lila Nebel, erschien er vor mir und sagte: ›Hey, Musik strömt durch unsere Adern. Du musst etwas damit anfangen.‹« In einer Ecke von Leons Haus stand eine Gitarre, die er fünf Monate zuvor im Tausch gegen Drogen von einer Frau bekommen hatte. Bislang hatte er sich nicht getraut, das Instrument anzufassen. Doch nun, dank der Erscheinung von Jimi, war der Moment gekommen. »Die Gitarre zitterte, so schien es, und rief mich.«

Dieser magische Vorfall ereignete sich Ende der Neunzigerjahre. Leon Hendrix hatte die fünfzig schon hinter sich gelassen und wusste nicht mehr, was er mit seinem Leben anfangen sollte. Er war jahrzehntelang als Drogendealer und Dieb aktiv gewesen, und wenn er einmal eine feste Stelle antrat, verrichtete er sie unzuverlässig. Diese Lebensführung hatte seinen Vater Al Hendrix dazu bewegt, das achtzig Millionen Dollar schwere Erbe von Jimi Hendrix nicht Leon zu überlassen. Nein, das Geld und die Rechte an der Musik gingen an Jimis Stiefschwester Janie Hendrix. Ein teurer Rückschlag für Leon und ein herber noch dazu. Janie hatte noch nicht einmal Hendrix-Blut in ihren Adern, sie war die Tochter der neuen Frau von Vater Al Hendrix. Janie war ihrem berühmten Stiefbruder Jimi nur ein paar Mal begegnet. Er starb, als sie neun war.

Leon dagegen war ein vollwertiger Bruder von Jimi Hendrix. In den Jahren, als die Brüder sich ein Zimmer teilten, konnte Leon regelmäßig nicht einschlafen, weil Jimi obsessiv an einer einsaitigen

Ukulele zupfte. Ihre Eltern waren arm und alkohol-abhängig. Sie trennten sich früh, und nachdem Mutter Hendrix gestorben war, gab Vater Hendrix seinen Sohn Leon für eine Weile in eine Pflege-familie. Jimi wohnte hin und wieder bei der Groß-mutter.

Trotzdem blieb das Verhältnis zwischen den Brü-dern gut. Als er fast zwanzig war, begleitete Leon seinen Bruder auf dessen Tourneen. Er mimte dann den Türsteher für die vielen Frauen, die an Jimis Tür klopften. In Interviews bezeichnet Leon Jimi als »meinen Bruder, meinen Vater und meinen Freund«.

Diese besondere Verbindung hat sich also nicht ausgezahlt. Nicht Leon, sondern Stiefschwester Janie kümmert sich um das Vermächtnis von Jimi Hendrix. Sie bringt erfolgreich neue CDs, T-Shirts und sogar alkoholfreien Hendrix-Wein auf den Markt. Als Leon 2005 den Hendrix Electric feilbot, ein Wodkagebräu mit einem Bild von Jimi auf der lilafarbenen Flasche, legte Janie Einspruch ein: Es war ein Verstoß gegen die von ihr verwalteten Bild-rechte. Ein Urteil gab ihr recht. Leons Wodka muss-te aus den Regalen genommen werden.

Was bleibt, ist die Musik. Nach seiner Vision hat

Leon zur Gitarre gegriffen und sie nicht mehr losgelassen. Er hat eine eigene Band gegründet: The Leon Hendrix Mysterience. Wahrscheinlich wird aber auch sie Leon nicht reich machen, sie zeichnet sich vor allem durch einen ausgesprochenen Mangel an Authentizität aus. Leon Hendrix sieht mit seinen langen Haaren und der schwarzen Sonnenbrille wie die Parodie eines Rockstars aus. Während seiner Auftritte zeigt er nach oben und ruft: »*What's up, brother?*« Die Songs tragen Titel wie *Jimi and Me*, *Voodoo River* und *Missing You*, und anstelle von *Hey Joe* singen sie *Hey Jimi*. Um es mit den Worten von Leons Tochter Tina zu sagen: »Sein Sound ist ziemlich in die Jahre gekommen.«

Trotzdem hat Leon Hendrix als Gitarrist viel erreicht für jemanden, der erst mit über fünfzig mit dem Spielen begonnen hat. »Er ist viel besser, als ich erwartet hätte«, sagt Charles Cross, Autor der Hendrix-Biografie *Jimi Hendrix. Hinter den Spiegeln*. »Das Problem ist nur, dass sein Bruder der berühmteste Gitarrist aller Zeiten war.« Cross bezeichnet Leons neue Berufung als »suizidal«. »Stell dir vor, du wärst der Bruder von van Gogh. Würdest du dann anfangen, Sonnenblumen zu malen?«

4

Die Vorbilder

Wenn man Menschen ihrem Ansehen entsprechend auf einer Leiter anordnen müsste, stünden Berühmtheiten ganz oben. Das Publikum hat sie vorangetrieben, schaut bewundernd und neidisch zu ihnen hinauf. Nicht umsonst werden Berühmtheiten in der Regel mit dem Präfix »Spitzen-« bedacht. Jamie Oliver ist ein Spitzenkoch, Cristiano Ronaldo ein Spitzenfußballer. Doch auch Stars schauen zu anderen hinauf. Zu ihren Geschwistern zum Beispiel. Die folgenden Porträts drehen sich um sie: Menschen, die für ihre berühmten Geschwister zu einem bestimmten Zeitpunkt ein Vorbild oder eine Inspirationsquelle waren.

Alle Porträtierten sind diesmal ältere Geschwister – und das ist kein Zufall. In den ersten Lebensjahren sind ältere Geschwister nahezu immer ein

Vorbild für ihren jüngeren Bruder oder ihre jüngere Schwester. Sie sind behänder, schneller, größer und schlauer. Um höher hinaus zu gelangen, ahmen die kleineren Geschwister sie nach, bis sie etwa acht Jahre alt sind: Dann beginnen Kinder gemäß Entwicklungspsychologen ernsthaft damit, ihre eigene Identität zu entwickeln. Zumindest bis zu diesem Zeitpunkt sind ältere Geschwister wichtige Vorbilder. Sie können schon laufen und Rad fahren und erzählen großartige Geschichten. Und leider können sie einen auch in die Zange nehmen.

1999 wurde in einer neuseeländischen Studie das Imitationsverhalten von gut dreihundert Kindern zwischen zwölf und achtzehn Monaten eine Woche lang von ihren Eltern festgehalten. Das Ergebnis war interessant. Kinder mit älteren Geschwistern waren bessere Nachahmer als jene ohne. Die jüngeren Brüder und Schwestern imitierten ihre Eltern und Geschwister spontan – also ohne Ermutigung. Und ihre Nachahmungen waren fantasievoll. Sie spielten wie ihre älteren Geschwister auf einem Teppich, dachten sich aber zusätzlich aus, dass sie über nicht existierende Steine springen mussten. Sie fuhren wie ihre Geschwister in einem imaginären Auto, aber füllten auch an einer fiktiven Tankstelle ihren Tank.

Untersuchungen des Entwicklungspsychologen Michael Lamb an der Universität Cambridge aus dem Jahr 1978 zeigten ebenfalls auf, dass anderthalbjährige Kinder eher dazu neigen, ihre drei bis vier Jahre älteren Geschwister zu imitieren als andersherum. In einem Beobachtungsraum, der wie ein Spielzimmer eingerichtet war, behielten die anderthalbjährigen Kinder ihre großen Geschwister genau im Auge. Legten die Großen ihr Spielzeug beiseite, beeilten die Kleinen sich, damit zu spielen.

Geschwister müssen nicht einmal physisch anwesend sein, um einen großen Einfluss auf die Entwicklung eines Kindes zu haben. Tot ist ihr Einfluss manchmal größer. Es war früher nicht unüblich, dass Eltern ihrem Baby den Namen eines verstorbenen Geschwisterchens gaben – man könnte es als altmodische Trauerarbeit sehen. Inzwischen ist die Kindersterblichkeit gesunken, die westliche Welt ist individualistischer geworden, und wir bezeichnen einen solchen Brauch als grausam, aber in vielen Ländern laufen noch Großmütter und Großväter herum, die auf den Namen einer toten Schwester oder eines toten Bruders hören. Die kleine Nina, Rudolf der Zweite, die andere Elly. Und es geht sogar noch bunter: Die niederländische Wochenzeitung *Vrij Nederland* druckte Ende 2010 einen Nachruf auf einen Mann, der nach seiner verstorbenen Schwester benannt war. Marie hieß er. Aus Selbstachtung hatte er das »e« irgendwann gestrichen. Mari und all die anderen Kinder, die den Vornamen toter Geschwister tragen, teilen sich ihr Schicksal, so werden wir gleich sehen, mit einem weltbekannten Künstler.

Gelangt ein jüngerer Bruder oder eine jüngere Schwester zu Berühmtheit, passiert etwas Besonderes: Die Rollen werden verdreht. Der ältere Bruder bleibt anonym, und sein jüngerer Imitator wird ein bekanntes Gesicht. Das Idol von früher steht hinter der Bühne, sein ehemaliger Fan im Scheinwerferlicht. Der Stern des ehemaligen Nachahmers schimmert am Firmament. Und das Publikum schaut bewundernd und neidisch nach oben.

LADY SARAH SPENCER

*L*ady Di, Prinzessin der Herzen, wuchs mit einem doppelten Minderwertigkeitskomplex auf. Erstens, so fand sie, hätte sie ein Junge sein müssen: Ihre adeligen Eltern bekamen anderthalb Jahre vor ihrer Geburt den ach so wichtigen männlichen Erben, aber Sohn Johnny starb direkt nach der Geburt. Zweitens war Diana in der Schule nicht so gut wie ihre beiden älteren Schwestern.

Diana bewunderte vor allem ihre älteste Schwester Sarah, sechs Jahre älter als sie selbst. Sarah war nicht nur schlau, sondern auch frech. Sie ritt als Mädchen auf dem Pferd ins Wohnzimmer ihres Landhauses, um ihre vornehme Großmutter zu ärgern. Und als sie der neuen Stiefmutter vorgestellt wurde, rülpste Sarah aus Protest laut, denn, so sagte sie, das sei im Mittleren Osten eine Höflichkeit.

Wütend schickte der Vater Sarah auf ihr Zimmer. Diana, eine Getreue ihrer Schwester, fragte, ob sie ebenfalls den Tisch verlassen dürfe.

Sarah war Dianas Heldin. Sobald ihre große Schwester aus dem Internat nach Hause kam, packte Diana ihren Koffer aus, räumte Sarahs Zimmer auf und ließ ihr ein Bad ein. Später arbeitete Diana für eine Zeit als Putzkraft in Sarahs Londoner Wohnung.

Sarah litt in ihren frühen Zwanzigern an Magersucht und Bulimie. Bei einem Meter siebenundsechzig wog sie sechsunddreißig Kilo. Während ihrer Ehe mit Charles ahmte Diana ihre Schwester nach. »Es begann, weil Sarah magersüchtig war, und ich bewunderte sie so sehr, dass ich genauso sein wollte wie sie«, sagte Diana später.

Das Nachahmen ihrer ältesten Schwester ging noch weiter. Sarah war es, die zuerst mit Kronprinz Charles ausging. Sie hatte ihn an einem Fest auf Windsor Castle kennengelernt, durfte danach zu anderen royalen Festlichkeiten antanzen und lud daraufhin im November 1977 den Prinzen zur Jagd auf Althorp, dem Landgut ihrer Familie, ein. So traf Charles Diana, ein sechzehnjähriges Mädchen, das

seine Lebensweisheit aus Liebesromanen über starke Männer und schwache Frauen schöpfte. Diana schmolz dahin, als sie den achtundzwanzigjährigen Prinzen mit den blauen Augen sah. Die Spannung zwischen den beiden Schwestern stieg stetig an diesem Novembertag: Diana ärgerte sich über Sarah, die sich sehr um den Prinzen bemühte. Die Spannung stieg weiter, als Charles nicht Sarah, sondern Diana darum bat, ihm die berühmte Gemäldegalerie von Althorp zu zeigen. Sarah schob Diana zur Seite, die sofort ausrief: »Lass mich wenigstens zeigen, wo die Lichtschalter sind, denn das weißt du nicht.«

Zu einem schwesterlichen Wettstreit um Prinz Charles sollte es nie kommen, denn nach einem Skiurlaub mit dem Prinzen im Februar 1978 disqualifizierte Sarah sich selbst. In einem Interview mit der britischen Klatschpresse erzählte sie offenherzig von den vielen Freunden, die sie schon gehabt hatte, und von ihrer Beziehung mit dem Prinzen: »Ich bin nicht verliebt in Prinz Charles«, sagte sie. »Ich würde nie jemanden heiraten wollen, den ich nicht liebe – ob er nun ein Müllmann ist oder der König von England.« Charles ließ Sarah fallen: viel zu verwegen. Im Mai 1980 heiratete Sarah einen britischen Gutsherrn.

Ihre weniger verwegene kleine Schwester dagegen überstand die kritische Begutachtung des Königshauses, und am 29. Juli 1981 sahen siebenhundertfünfzig Millionen Fernsehzuschauer, wie sie in der St. Paul's Cathedral zur Frau des britischen Kronprinzen wurde. Diese Ehe mit Charles wurde bekanntlich alles andere als ein Erfolg: Diana wurde zur unglücklichen Ehefrau, einsam, abgemagert, gefangen in den königlichen Sitten. Das höfische

Korsett war selbst Sarahs kleiner Schwester zu eng. 1996 war die Scheidung durch. Ein Jahr später kamen Diana und ihr neuer Partner Dodi Al-Fayed auf ihrer Flucht vor Paparazzi in einem Pariser Autotunnel ums Leben. Sarah stieg mit ihrer Schwester Jane und ihrem Ex, Prinz Charles, in ein Flugzeug nach Paris, um Dianas Leichnam abzuholen.

Sarah ist auch heute noch mit ihrem Gutsherrn verheiratet. Sie hat Kontakt zu ihren Neffen William und Harry, schaffte es 2009 zum »High Sheriff« von Lincolnshire und spielte eine bezeichnende Rolle im Diana, Princess of Wales Memorial Fund, das die Wohltaten von Lady Di bis 2012 fortsetzte: als Vorsitzende.

SALVADOR DALÍ

Salvador Dalí, Sohn von Salvador Dalí i Cusí und Felipa Domènech y Ferres, wurde am 11. Mai 1904 geboren. Er entwickelte sich zu einem der bedeutendsten Künstler des 20. Jahrhunderts. Er schrieb, dichtete, filmte, fotografierte, machte Werbung und entwarf sogar das Logo für einen Lutscher, den spanischen Chupa Chups. Aber vor allem war Dalí ein surrealistischer Maler. Schmelzende Uhren auf weiten Ebenen, Schwäne, die eigentlich Elefanten sind, wimmelnde Ameisen als Zeichen des Zerfalls. Seine Gemälde waren eine Ode an Freuds Theorien, aber Dalí ließ sich auch von Hieronymus Bosch, Walt Disney und Nashörnern inspirieren.

Seine Gabe, Aufmerksamkeit auf sich zu ziehen, war legendär. Oft zeigte er sich in der Öffentlichkeit mit Umhang und Spazierstock, die Spitzen seines

Schnurrbarts nach oben zeigend. Um auch ganz sicherzugehen, dass seine Gemälde auffallen, gab er ihnen Titel in der Länge ganzer Abschnitte oder kurzum *Galacidalacidesoxyribonucleicacid*. Fragten ihn Fans nach einem Autogramm, behielt er ihre Stifte. Gerne sprach er über sich selbst in der dritten Person Singular, und eines seiner berühmtesten Zitate lautet wie folgt: »Jeden Morgen, wenn ich aufwache, erlebe ich eine immense Freude: die Freude, Salvador Dalí zu sein, und dann frage ich mich, starr vor Staunen, was für wunderliche Dinge er wohl heute wieder tun wird.«

Wie kann ein Mensch sich zu einer derart aparten Erscheinung entwickeln?

Futter für die Psychologen.

Eine auffällige Tatsache ist, dass der Bruder von Salvador Dalí am 1. August 1903 starb, als er gerade einmal zwei Jahre alt war. Er starb an einer Hirnhautentzündung, obwohl manche Quellen vermelden, er sei an einer Magen-Darm-Entzündung gestorben. Wie dem auch sei: Dieser Bruder hieß ebenfalls Salvador.

Fast unmittelbar nach seinem Tod wurde Mutter Felipa wieder schwanger. Am 11. Mai 1904 gebar sie ihr zweites Kind, genau neun Monate und zehn Tage nach dem Tod des ersten. Wieder ein Junge. Das musste doch einfach die Wiedergeburt des verstorbenen Salvador sein, entschieden die Eltern. Also benannten sie das Baby nach dem verstorbenen Sohn. Salvador Dalí. Sie kleideten ihn in seine alten Pullover und Hosen, gaben ihm das Spielzeug, mit dem sein Bruder gespielt hatte.

Der tote Salvador war für die Eltern ein Heiliger. Ein großes Foto des Kindes hing über ihrem Bett, neben einem Bildnis von Jesus am Kreuz. Der kleine, lebende Salvador bekam von seinen Eltern dauernd zu hören, wie sehr er seinem toten Bruder gleiche. Gleichzeitig war die Botschaft seiner Eltern glasklar: So himmlisch wie er wirst du nie. Der lebende Salvador musste vor allem gut aufpassen, sonst würde er auch sterben. Wenn er mit seinen Eltern die Straße entlanglief, sagten sie zum Beispiel: »Der andere musste niesen, wenn er hier vorbeikam, also sei vorsichtig.« Jedes Mal, wenn er nach draußen ging, warnte seine Mutter ihn. »Leg dir einen Schal um, zieh dir etwas über. Sonst wirst du auch sterben, so wie dein Bruder. An einer Hirnhautentzündung.« Wenn seine Eltern ihm in die Augen schauten, hatte Salvador Dalí das Gefühl, sie würden versuchen, irgendwo in der Tiefe einen Schimmer ihres verstorbenen Sohnes wahrzunehmen.

Die Auswirkungen auf Salvador Dalís Leben müssen enorm gewesen sein. Er mag einer der größten Künstler seiner Zeit gewesen sein, ein selbst ernanntes Genie, das sich immer freute, als Salvador Dalí zu erwachen, aber sein Bruder würde immer genialer sein. Mit den Worten des Künstlers selbst: »Ich war viel weniger intelligent.« Édouard Mac-Avoy, ein französischer Maler, der Salvador Dalí porträtierte, sagt in dem Buch *Salvador Dalí. The Surrealist Jester* von Meryle Secrest, der berühmte Künstler habe über nichts anderes gesprochen als über seinen toten Bruder: »Er hatte schlichtweg das Gefühl, dass er sein Bruder geworden war, und nachts ging er auf den Friedhof, zum Grabstein seines Bruders, und faltete seine Hände zum Gebet. Seine genaue Formulierung war: ›Ich weiß nicht mehr, ob ich nun lebe oder tot bin.‹«

1963 malte der neunundfünfzigjährige Salvador Dalí das Werk *Portrait of My Dead Brother*, ein charakteristischer Mix aus Klassik und Moderne: auf der weiten Ebene ein realistisch dargestelltes Ehepaar in Trauerpose, im Vordergrund, alles beherrschend, Tupfen, die zusammen das Gesicht seines Bruders formen – jenes Salvador Dalís, der noch unsterblicher schien als Salvador Dalí selbst.

JACKIE CALLAS

*F*ür Maria Callas war das tote Brüderchen, das ·
sie ersetzen musste, nur eine von vielen Herausforderungen. Nicht dass es angenehm war, so
mit dem Leben zu beginnen. Ihre Eltern hatten sich
nach dem Tod des dreijährigen Wassily völlig auf
einen Sohn eingestellt. Mutter Litsa strickte schon
blaue Babykleider. Sie und ihr Mann hatten für den
günstigsten Zeitpunkt, einen Sohn zu zeugen, sogar
einen Astrologen konsultiert. Als am 2. Dezember
1923 plötzlich eine Tochter das Licht der Welt erblickte, war Mutter Litsa so enttäuscht, dass sie das
Baby während der ersten Tage mied wie die Pest.

Trotzdem hatte Maria Callas Glück: Gerade weil
sie ein Mädchen war, wurde sie – im Gegensatz zu
Dalí – nicht mit ihrem jung verstorbenen Bruder
verglichen.

Ihr Pech war, dass sie eine sechs Jahre ältere Schwester hatte, Jackie, die viel schöner war als sie. Und ihr allergrößtes Pech war die Selbstsucht ihrer Mutter, einer griechischen Auswanderin, die sich in ihrer unglücklichen Ehe in New York gefangen wähnte. Ihre Kinder sollten um jeden Preis den Erfolg anstreben, der ihr selbst verwehrt geblieben war.

Zunächst war Maria noch begeistert von ihrer Schwester Jackie. Jackie brachte ihr das Laufen bei und las ihr in dem großen Bett, in dem sie zusammen schliefen, aus *Rotkäppchen* und *Goldlöckchen und die drei Bären* vor. Ziemlich kuschelig, aber ihre frostige Mutter hatte kein Ohr dafür. Singen mussten sie und auf dem Klavier üben. Und vor allem mussten sie sich die Arien anhören, die über das Grammofon durch die Wohnung schallten.

Maria hatte schon mit fünf Leistung zu bringen, und schnell zeigte sich, dass sie außergewöhnlich gut sang. Und weil Jackie außergewöhnlich schön war, entschied die Mutter, für den Erfolg beide Talente miteinander zu verbinden. Zurück in Athen – sie hatte ihren Mann in New York zurückgelassen –, schleppte sie Maria Ende der Dreißigerjahre von einem Gesangswettbewerb zum nächsten. Jackie, auch keine schlechte Sängerin, durfte sich nicht dem Singen widmen, sondern musste in den schönsten Kleidchen herumtänzeln. Diese Outfits wiederum wurden Maria mit ihrer stattlichen Nase vorenthalten: Sie trug immer einen schwarzen Kittel mit einem widerlichen weißen Kragen. So vermied ihre Mutter, dass Männer auf sie aufmerksam wurden. Das würde ihre Tochter nur vom Singen abhalten.

Der psychische Schaden war unabwendbar. Maria, ohnehin schon nicht die Schlankste, wurde als Teenager furchtbar eifersüchtig auf ihre schöne Schwester. Sie war Marias Vorbild, ein Musterbeispiel von Schönheit, aber es war Maria verboten, sich so herauszuputzen wie sie. Aus Frust begann Maria zu essen: Torte und Eis, mitten in der Nacht. Mit siebzehn wog sie bei einem Meter dreiundsiebzig über neunzig Kilo. Marias einzige Rettung war ihr musikalisches Talent. Sie übernahm den blinden Ehrgeiz ihrer Mutter, inklusive der Quälerei. Die beste Sängerin würde sie werden und nichts weniger.

Jackie war sanftmütiger und ließ sich von ihrer Mutter vereinnahmen. Ob Jackie nicht einen reichen Mann erobern könne, fragte Mama Litsa. Jackie war gehorsam und bandelte mit einem gewissen Miltiadis Embirikos an, der schon bald den Haushalt finanziell unterstützte. Die aufständische Maria verachtete ihre Schwester für deren Unterwürfigkeit. »Ich werde an die Spitze kommen, aber was du tun wirst, weiß ich nicht. Jetzt verkaufst du dich an diesen Embirikos!«

Maria wurde nach dem Zweiten Weltkrieg ein weltbekannter Opernstar. Es war nicht unbedingt ihre Stimme, mit der sie diesen Status erreichte, sondern ihre Hingabe, ihre Musikalität und ihr einzigartiges Gefühl für Timing. Doch warum war sie nur so dick, fragte sich die Presse. Maria litt unter der Last ihres Gewichts und setzte sich 1952 ein neues Ziel: Abnehmen.

Anderthalb Jahre später war diese Kleinigkeit erledigt. Ein Dirigent, der noch 1951 die plumpe Maria begleitet hatte, erkannte die zarte Dame nicht, der er 1953 begegnete. Maria Callas hatte nicht nur abgenommen, sie war zu der Schönheit geworden, die sie nie hatte sein dürfen. Und sie wollte mehr, so ihr Opernfreund Giuseppe di Stefano: Sie wollte die schönste Frau der Welt werden, die »Königin des Jetsets«. 1959 verließ sie ihren Ehemann für den griechischen Millionär Aristoteles Onassis, der mit der Callas wie mit einer teuren Uhr herumprotzte. Callas wurde die Diva der Divas.

Zu ihrer Mutter brach sie den Kontakt schon 1951 ab. Die überlegte sich damals als Racheakt, Tochter Jackie als zweite singende Callas ins Rampenlicht zu schieben. Wieder gehorchte Jackie. Endlich konnte sie die Sängerin werden, die sie nie hatte sein dürfen. Wirklich etablieren konnte sie sich nicht, auch weil ihr ihre weltberühmte Schwester Steine in den Weg legte: Maria verbot Jackie, unter dem Namen Callas aufzutreten.

Inzwischen verschlechterte sich auch die Stimme der berühmten Callas selbst. Das hohe C war plötzlich zu hoch. Den Kritikern zufolge lag es an ihrer neuen Figur. Anderen zufolge lag es an Onassis, der sich keinen Deut für das Talent seiner Frau interessierte. Wie auch immer, Mitte der Sechzigerjahre war die beeindruckendste Opernkarriere aller Zeiten praktisch vorbei. Ohne den Erfolg und das Publikum ging Maria Callas zugrunde. 1977 starb sie mit dreiundfünfzig Jahren an einem Herzinfarkt.

Mutter Litsa ging nicht zur Kremation, Schwester Jackie schon. Ein paar Monate später drückte sie Robert Sutherland, dem Pianisten von Maria Callas, ein Demoband mit ihrem eigenen Gesang in die Hände. Aus reinem Anstandsgefühl nahm es Sutherland entgegen, aber als er es abspielte, glaubte er seinen Ohren kaum. Was für eine herrliche Stimme die Schwester der Callas doch hatte!

LARRY JORDAN

*L*arry war ein großartiger Athlet. Er sprang hoch, war schnell wie der Wind, trainierte hart und wollte immer gewinnen. Dennoch schaffte er es in seinem Lieblingssport nicht an die Spitze. Das war nicht seine Schuld, er tat alles, was er tun musste, und ließ alles, was er lassen musste. Kein Alkohol, keine Drogen, kein Faulenzen. Der Grund, aus dem er es nicht schaffte, war banaler. Larry Jordan wurde nicht groß genug.

Sein kleiner Bruder Michael schon.

Larry Jordan war lange Zeit größer als sein Bruder, aus dem einfachen Grund, dass er elf Monate älter war. Er besiegte ihn immer wieder auf dem kleinen Basketballfeld, das ihr Vater, ein Ex-Soldat und Mechaniker, gebaut hatte. Arbeite hart, sagte der Vater immer, verschwende dein Talent nicht.

Also spielten die talentierten Jungen tagein, tagaus auf dem kleinen Feld und träumten von der National Basketball Association. Die Brüder aus North Carolina verbesserten einander, weil keiner sich dem anderen unterordnen wollte. Larry gewann meistens, und das machte Michael fanatisch. Er musste und würde seinen Bruder besiegen.

Und dann begannen die Wachstumskurven der Brüder auseinanderzuklaffen. Larrys Kurve stieg kaum noch an und blieb schließlich bei einem Meter einundsiebzig stehen. Michael Jordan maß in seinem ersten Jahr auf der High School schon einen Meter achtundsiebzig. Daraus wurde schnell ein Meter zweiundachtzig. Sogar da sprang der athletische Larry noch ebenso hoch wie sein jüngerer Bruder. Aber Michael wuchs weiter, auf einen Meter neunzig, und entwickelte die langen Beine und großen Hände, die physische Grundvoraussetzung für »Air« Jordans legendäre Sprünge. Und er wuchs sogar noch weiter. Erst bei einem Meter achtundneunzig – er war inzwischen fast dreißig Zentimeter größer als Larry – hielt Michaels Körper inne.

Larry hatte auf den falschen Sport gesetzt.

»Wäre Larry statt einem Meter einundsiebzig

einen Meter achtundachtzig groß gewesen, ich bin mir sicher, dass Michael bekannt geworden wäre als der Bruder von Larry, so ehrgeizig war Larry als Athlet«, sagt der Basketballtrainer ihrer High School in der Jordan-Biografie *Playing for Keeps*. Biograf David Halberstam selbst schreibt: »Larry Jordan war ein gewaltiger Athlet, ›verpackt im falschen Körper‹.«

Michael Jordan wurde zum besten Basketballspieler aller Zeiten. Er war ein Allrounder: Er konnte meisterlich verteidigen und selbst wie schwebend die Mauer der Verteidiger überwinden. Sein NBA-Punkteschnitt, gut dreißig Punkte, ist immer noch Rekord. Mit den Chicago Bulls gewann er in den Neunzigerjahren sechs nationale Titel. Er holte 1984 und 1992 olympisches Gold. Und der amerikanische Fernsehsender ESPN wählte Michael Jordan 1999 zum nordamerikanischen Athleten des Jahrhunderts.

Bruder Larry schaffte es nur in die völlig unbedeutende Liga für Basketballer unter einem Meter dreiundneunzig. Manchmal trat er als Vertretung für seinen Bruder bei Wettkämpfen im Slamdunken als Jurymitglied auf. Inzwischen ist er Teil des Führungsstabs bei den Charlotte Hornets, dem NBA-Club, den Michael präsidiert.

Larry Jordan findet, dass sich sein Basketball-traum zumindest ein wenig erfüllt hat. Über seinen Bruder. »Weil wir zusammen aufgewachsen sind, bin ich ein Teil von allen Dingen, die er tut«, sagte er 1987 zur *Chicago Tribune*. »Wir spielten andauernd eins gegen eins. Ich denke schon, dass er sich ein paar Sachen von mir abgeschaut hat.«

Dass Michael Jordan seinen kurzen großen Bruder respektiert, sieht man in einem kurzen YouTube-Clip, der ein Duell der beiden zeigt: Der rasend schnelle, ruhmlose Jordan passiert seinen berühmten Bruder und wirft den Ball sicher in den Korb. Danach sieht man, dass der kleine Larry Jordan notabene in der Lage ist zu dunken. Der Kommentar des grinsenden Michael: »*If you say ›Air Jordan‹ I am number two. He's one.*«

Die größte Ehrerweisung an seinen Bruder Larry ist aber die – inzwischen weltberühmte – Rückennummer von Michael Jordan: 23. Er wählte einst diese Zahl, weil Larry auf der High School mit der Nummer 45 gespielt hatte. Es erschien Michael schon großartig, wenn er nur halb so gut werden würde.

ER HAT SICH

EIN PAAR

SACHEN VON MIR

ABGESCHAUT.

Larry Jordan

MARVIN »BUCK« BARROW

Das Leben des nahezu unbekannten Marvin »Buck« Barrow enthielt alle Zutaten für eine erfolgreiche Hollywood-Verfilmung. Buck war schon zweimal verheiratet und geschieden, Vater von drei Kindern und ein Ex-Häftling, als er mit sechsundzwanzig der Liebe seines Lebens begegnete. Es war der 11. November 1929, und sie hieß Blanche. Nachdem er noch im gleichen Monat einen Einbruch verübte, landete Buck in einem texanischen Gefängnis, aus dem er kurz darauf wieder floh. Er heiratete Blanche, der es lieber war, wenn ihr Mann nicht auf der Flucht lebte, und so meldete Buck sich Ende 1931 in aller Ruhe bei dem gleichen Gefängnis, um seine Haftstrafe freiwillig abzusitzen.

Als er 1933 freikam, schlossen er und Blanche sich einer kriminellen Bande an. Die Gruppe raubte, entführte und mordete drauflos. Buck machte munter mit, bis ihm bei einer Schießerei mit der Polizei eine ernsthafte Kopfwunde zugefügt wurde und seine Blanche durch herumfliegendes Glas fast erblindete. Fünf Tage später wurde die Bande erneut von der Polizei belagert. Blanche hätte mit den anderen Bandenmitgliedern fliehen können, aber sie harrte treu bei ihrem verwundeten Ehemann aus. Buck legte sein blutiges Haupt in den Schoß von Blanche, die die Polizei anflehte, »um Gottes willen« mit dem Schießen aufzuhören. Die beiden wurden festgenommen: die fragile Blanche mit einer Sonnenbrille in ihrem verletzten Gesicht, Buck mehr tot als lebendig. Er starb vier Tage später, mit dreißig Jahren, über seine Blanche fantasierend.

Als wäre das alles noch nicht perfekt für die Normen des Hollywoodkitschs, stand auf Bucks Grabstein auch noch die glamouröse Inschrift *Gone but not forgotten*.

Wie um Himmels willen konnte der Ruhm diesen Buck links liegen lassen?

Der Grund liegt unter demselben Grabstein. Neben Buck ruht sein kleiner Bruder Clyde. Der von Bonnie und Clyde, dem berühmtesten Verbrecherpaar der modernen Geschichte. Clyde Barrow war der Anführer der raubenden, mordenden Bande, in der Buck nur eines der Mitglieder war. Bonnie Parker konnte besser mit Waffen umgehen als die Pastorentochter Blanche. Und Bonnie und Clyde starben effektvoller. Nicht halluzinierend wie Buck oder alt wie Blanche, sondern brutal und mitreißend: in einem gestohlenen Auto, von Kugeln durchsiebt.

Begonnen hatte alles anders: Buck war sechs Jahre älter als Clyde und daher auch früher kriminell aktiv als sein berühmter Bruder: Er stahl schon in ganz Texas Autos, als Clyde noch in der Nachbarschaft als Gelegenheitsdieb unterwegs war.

Dass beide kriminell wurden, war nicht besonders überraschend. Sie wuchsen, wie man heute sagen würde, »in unterprivilegierten Verhältnissen« auf. Arme Bauerneltern aus der staubtrockenen Prärie, acht in Lumpen gehüllte Kinder, kaum genug zu essen. Clyde, ein gefühlsarmer Junge, entdeckte früh das Schlechte in sich und brach unter anderem die Flügel von Vögeln, um zuzuschauen, wie sie mit der Verletzung zu fliegen versuchten. Seine Eltern ließen ihn gewähren, sie waren zu sehr mit dem Überleben beschäftigt.

Auch ohne Buck hätte Clyde nur schwer den rechten Weg gefunden, aber so ein krimineller großer Bruder machte das Verbrechen noch attraktiver. Unmittelbar vor Weihnachten 1926 gesellte sich Clyde zu Buck, um eine Lastwagenladung Truthähne zu stehlen und weiterzuverkaufen. Der Diebstahl gelang, der Verkauf nicht, die Brüder wurden verhaftet. Buck, dreiundzwanzig Jahre alt, spielte den großen Bruder, nahm die Schuld auf sich und musste eine Woche absitzen. Der siebzehnjährige Clyde blieb auf freiem Fuß.

Kaum drei Jahre später suchte Clyde seinen großen Bruder wieder auf. Die von Buck angeführte Bande stahl Juwelen, dann ein Auto, danach den Tresor einer Tankstelle. Die Polizei nahm die Verfolgung auf, Clyde konnte flüchten, sein Bruder Buck wurde unter Beschuss genommen und verhaftet. Aber über seinen flüchtigen Bruder gab er nichts preis. Buck selbst musste für vier Jahre hinter Schloss und Riegel.

Als er 1933 freikam, hatten sich die Rollen der Brüder endgültig vertauscht, und Hollywood erledigte den Rest, vor allem Arthur Penns Spielfilm *Bonnie und Clyde* aus dem Jahr 1967. Warren Beatty als Clyde, straff und stramm im Anzug, Faye Dunaway als Bonnie, ihre Lippen unter einer kecken Baskenmütze schürzend. So sexy war das Verbrechen noch nie gewesen. Buck und Blanche spielten nur Nebenrollen. Buck wurde dargestellt von dem schon damals kahl werdenden Gene Hackman, Blanche auf eine hysterische Hausfrau reduziert. In ihren eigenen Worten: »*They made me look like a screaming horse's ass!*«

Der Welt reicht *ein* legendäres Verbrecherpaar vollkommen aus.

JUNE NICHOLSON

Jack Nicholson verlor seine älteste Schwester gleich zweimal. Das erste Mal, als June Frances Nicholson starb, war es noch weniger schlimm. June war ganze achtzehn Jahre älter als Jack, aber sie war erst vierundvierzig, als der Krebs sie im Jahr 1963 niederstreckte. Jack wollte gerade zu den Aufnahmen für einen Film abreisen, *Ensign Pulver*. »Muss ich warten, Jack?«, fragte June auf ihrem Sterbebett, mit einem Gefühl für Drama. »Nein«, antwortete er, der gesehen hatte, wie die Krankheit seine Schwester quälte und bis auf die Knochen abgemagert hatte. Jack reiste ab, June starb ein paar Tage später.

Wegen des großen Altersunterschieds waren Jack und June nicht zusammen aufgewachsen. Sie hatten einander vor allem bei Familientreffen gesehen.

Jack wohnte zu Hause in New Jersey bei seiner energischen Mutter Ethel May und der fünfzehn Jahre älteren Schwester Lorraine.

Trotzdem hatten Bruder Jack und Schwester June ein besonderes Verhältnis. Sie teilten den aufbrausenden, jähzornigen Charakter. Und sie glichen einander äußerlich. »Sie hatte die gleiche Mimik wie Jack«, so eine seiner ersten Freundinnen. »Zum Beispiel das Kräuseln ihres Mundes und das Sprechen mit einem Mundwinkel.«

June war für Jack die Verkörperung des Showbiz. Sie war eine begabte Tänzerin gewesen – Spezialität: Stepptanz –, die als Teenager Auftritte von der Küste New Jerseys bis nach Dallas und sogar einmal am Broadway absolvierte. Zu einem echten Durchbruch hatte es nie gereicht, und die verbitterte June begnügte sich nun mit Sekretärinnenjobs.

1953 zog sie für eine Stelle bei einer Fluggesellschaft nach Los Angeles. Ein Jahr später wohnte Jack für eine Weile bei seiner Schwester. Es habe sich für ihn wie ein Zuhause angefühlt, sagte er später. Er hatte gerade die Schule abgeschlossen und nur vage Zukunftspläne. Eine Zeit lang arbeitete er in einem Spielzeuggeschäft. Schwester June wurde böse. Er solle langsam eine echte Anstellung finden, eine erwachsene Laufbahn einschlagen.

Ende der Fünfzigerjahre war Jack sich sicher, dass er Schauspieler werden wollte. Die Showbiz-ambitionen sorgten für Spannungen zwischen Bruder und Schwester, wenn sie einander bei Familien-essen sahen. »Wir hatten oft unglaublichen Streit«, sagte Jack Jahre später. »Sie projizierte all ihre Ängste auf mich [...]. Sie fand, dass ihr eigenes Experiment in einem großen Misserfolg geendet hatte.«

June war schon sechs Jahre tot, als Jack mit *Easy Rider* seinen großen Durchbruch hatte (ihre Mutter Ethel May starb wenig später). Jack wurde ein Star. Filme wie *Five Easy Pieces* und *Das letzte Kommando* bestätigten seinen Starstatus.

1974, kurz vor dem Erscheinen von *Chinatown*, wollte die amerikanische Wochenzeitschrift *Time* Jack Nicholson eine Titelgeschichte widmen. Ein *Time*-Journalist rief ihn nach einer tiefschürfenden Recherche an, um eine spezielle Sache bei ihm zu verifizieren.

»Herr Nicholson, June war Ihre Mutter, nicht Ihre Schwester.«

Wie gelähmt rief Jack Nicholson seine Schwester Lorraine an. Ob das wahr sei. Ja, sagte Schwester Lorraine, die auf einmal seine Tante war.

Und so verlor Jack Nicholson seine Schwester June zum zweiten Mal.

Glaubt man manchen Quellen, kannte Jack Nicholson das Familiengeheimnis schon länger. Sicher ist aber, dass die Wahrheit jetzt endgültig an die Oberfläche gekommen war. June Nicholson war siebzehn, als sie 1936 ungeplant schwanger wurde – von einem verheirateten Mann. Mutter Ethel May ging an die Decke. Plötzlich stand die goldene Zukunft ihrer tanzenden Tochter auf dem Spiel. Ebenso der gute Name ihrer Familie an der geschwätzigen, katholischen Nordküste von New Jersey. Ethel May hatte die Lösung. Sie würde sich als die Mutter ausgeben und das Baby aufziehen. June würde die Schwester auf Distanz geben. Denn sie musste gehen. Verschwinden und Karriere machen, aus der dann leider nichts wurde. Sowohl »Schwester« June als auch »Mutter« Ethel May nahmen das Geheimnis mit ins Grab. Jack Nicholsons Schauspieltalent steckte von Anfang an in seinen Genen.

5

Die Vertrauten

*T*rotz allem Neid und Streit zwischen Geschwistern werden Wörter wie »schwesterlich« oder »brüderlich« in der ganzen Welt als positiv wahrgenommen.

Es scheint offenbar doch etwas gut zu laufen zwischen Brüdern und Schwestern.

In Platons Griechenland wurden Mitbürger Brüder genannt, im Alten Testament waren es die Juden, die einander Brüder waren, auch die Christen sind alle Brüder, die Marxisten waren brüderliche Genossen, aus Ägypten stammt die Muslimbruderschaft, ein schwarzer Amerikaner ist auch ein *brotha*, und Sandra Bullock spielte in einem Film über Freundinnen, die durch *Die göttlichen Geheimnisse der Ya-Ya-Schwestern* miteinander verbunden waren.

In diesen Fällen steht Brüderschaft (und Schwesternschaft) für Kameraderie und Verbundenheit. Aber auch für Ausschluss. Ein schwarzer Amerikaner ist ein *brotha*, weil ein weißer es nicht ist. Und Marxisten sind Brüder, um sich von den Bourgeois abzugrenzen.

Bei echten Geschwistern sieht man das auch. Geschwister gehören umso mehr zueinander, weil andere nicht dazugehören: Nachbarskinder, Schulkameraden, Eltern. Auf der Rückbank auf dem Weg in die Ferien in Südfrankreich gibt es genug Gründe für Bruder und Schwester, einander gründlich die Köpfe einzuschlagen. Aber der lästige Nachbarsjunge soll bloß die Finger vom kleinen Bruder lassen.

Geschwisterverwandtschaften sind authentischer als die von einer Glaubensgemeinschaft oder Nation konstruierte Brüderschaft. Blutsbande sind keine Erfindung. Sie sind echt. Man verbringt die Kindheit miteinander, und für die Vertrautheit zwischen Bruder und Schwester braucht es nicht unbedingt einen lästigen Nachbarsjungen, jemanden, von dem man sich abgrenzen kann.

Geschwister, die zusammen aufwachsen, sind sogar so sehr aneinander gewöhnt, dass sie sich in der Regel nicht sexuell voneinander angezogen fühlen.

Darum sagen manche Eheleute, die das Interesse aneinander verloren haben, dass sie »zu sehr wie Geschwister« geworden sind – ihre Verbindung ist zu vertraut geworden. Aus diesem Grunde ist das Wort »Fremdgehen« auch so zutreffend.

Die jahrelange Vertrautheit zwischen Bruder und Schwester kann auf eine Freundschaft hinauslaufen, auch wenn die meist komplex ist: Die angeborene, im Altersunterschied begründete Hierarchie steht einer Begegnung auf gleicher Ebene manchmal im Weg.

Aber es kann gutgehen, selbst wenn der Bruder oder die Schwester berühmt ist. Maja Einstein wurde eine Lebensgefährtin von Albert, aus Notwendigkeit und Vergnügen. Albert war untröstlich, als sie starb. Für Franz Kafka war seine kleine Schwester Ottla einer der wenigen Lichtblicke in seiner dunklen Existenz. Er verbrachte Monate bei ihr auf dem Bauernhof und schrieb ihr Hunderte von Briefen.

Taugt das Band zwischen Bruder und Schwester, dann kann der Weltruhm sie noch näher aneinanderrücken lassen. Weltruhm macht die Exklusivität der Geschwisterbande wieder spürbar: Der Bruder oder die Schwester ragt aus der Masse heraus, er oder sie ist ein Verbündeter, der einem auch bei Misserfolg die Stange hält. Es ist wieder ein »wir« gegen »sie«. Georg Ratzinger war schon immer ein enger Vertrauter seines Bruders Joseph gewesen, aber als dieser in seinen Jahren als Papst regelmäßig Kritik ausgesetzt war, wurde das Band zwischen den Brüdern noch stärker. Der große Bruder Georg nahm es für seinen kleinen Bruder Joseph mit nervigen Journalisten und einer ebenso nervigen Bundeskanzlerin auf. Auch die Halbschwester von Marilyn Monroe verdankte ihre Sonderstellung unter anderem der Tatsache, dass der Megastar auf der Spitze ihres Ruhms kaum jemandem mehr zu vertrauen wagte.

KATHARINE WRIGHT

*E*in Ehepaar kann sich wie Bruder und Schwester verhalten, aber andersherum geht das natürlich auch: Bruder und Schwester können zu einer
Art Ehepaar werden. Man nehme nur die Wrights.
Die Brüder kennen wir: Wilbur und Orville, amerikanische Flugpioniere. Im Dezember 1903 absol-
vierten sie den ersten motorisierten Flug. Dauer:
zwölf Sekunden. Distanz: siebenunddreißig Meter.
Danach perfektionierten sie ihr Fluggerät und bra-
chen Rekord um Rekord. Das Duo kam groß raus,
und die Welt wurde ein ganzes Stück kleiner.

Wilbur und Orville arbeiteten zeitlebens zusammen, zuerst in einem Fahrradgeschäft und dann
als Flieger. Sie blieben außerdem ihr Leben lang
Junggesellen. Aber es gab noch eine dritte Wright,
die unzertrennlich zu den beiden Brüdern gehörte:

Katharine Wright. Katharine war das jüngste der insgesamt fünf Geschwister und das einzige Mädchen. Sie verkehrte vor allem mit Wilbur und Orville, jenen Brüdern, zu denen sie den kleinsten Altersunterschied hatte. Ihre Mutter starb, als Katharine fünfzehn war, und so wurde sie plötzlich zur Frau des Hauses. Sie verwaltete die Finanzen, sie kochte, und sie nähte. Sie hatte zudem Grips und erlangte ein Lehrpatent für die alten Sprachen.

Ihre Erfahrung als Schatzmeisterin der Familie kam den Fahrradmonteuren Wilbur und Orville gelegen. Während sie in ihrer Werkstatt herumschraubten, beschäftigte sich Schwester Katharine mit der Buchhaltung. Mit ihrem Einkommen als Lateinlehrerin unterstützte sie sogar ihre Brüder, als die sich aufs Fliegen verlegten, und das Tuch, mit dem sie die Flügel ihrer ersten Flugzeuge bespannten, wurde von Schwester Katharine zusammengenäht.

Nach dem erfolgreichen Flug im Jahr 1903 entpuppte Katharine sich als PR-Managerin der Brüder Wright, indem sie Pressemitteilungen in die ganze Welt verschickte und mit potenziellen Investoren sprach. Auch das kam den fliegenden Brüdern sehr gelegen. Der eine Wright war nämlich noch schüchterner als der andere.

1908 überlebte Bruder Orville nur knapp einen Flugzeugabsturz. Seine kleine Schwester kündigte sofort ihre Stelle als Lehrerin und stand ihm während seiner zweimonatigen Genesung zur Seite. Zusammen reisten Bruder und Schwester nach Europa, wo Bruder Wilbur fliegend allen die Schau stahl. Ein Würdenträger nach dem anderen wollte ihn treffen oder gar einen Flug wagen.

Trotz ihres Ruhms blieben die beiden Brüder der Öffentlichkeit ein Rätsel. Sie sprachen kaum vor Publikum. Eine Rede vor einem französischen Fliegerverein begann Wilbur Wright folgendermaßen: »Ich kenne nur einen Vogel, der sprechen kann, den Papagei. Aber hoch fliegen kann der nicht.« Es war zugleich der Schluss der Rede.

Zwischen so viel Schweigsamkeit musste Katharine geradezu auffallen. Der König von Spanien nannte die kleine Schwester die »ideale Amerikanerin«, und in Frankreich bekam auch sie die Ehrenlegion überreicht, der höchste französische Verdienstorden. Die Franzosen gaben ihr den Spitznamen »The Third Wright Brother«.

*Katharine mit ihren Erfinder-
brüdern Orville (links) und
Wilbur Wright auf dem Deck
eines Schiffes, ca. 1909*

Wilbur Wright starb 1912 an Typhus. Orville und Katharine schweißte das noch enger zusammen. Sie wohnten im gleichen Haus, fast wie Mann und Frau. Doch mit fünfzig verliebte sich Katharine in einen alten Studienfreund, was sie vor Orville ein Jahr lang geheim hielt. Als Katharine ihm schließlich davon erzählte, benahm sich Orville wie ein betrogener Ehemann. Wie konnte sie es nur wagen! Aber Katharine verließ ihren Bruder tatsächlich für einen anderen Mann. Sie heiratete sogar.

Orville wohnte der Trauung seiner Schwester nicht bei und brach den Kontakt ab. Seine Engstirnigkeit zeigte sich noch deutlicher, als er dem Nachrichtendienst Associated Press einen Brief schickte. Der Tenor: Jeder Bericht, der behauptet, dass Katharine Wright zur Fliegerei ihrer Brüder beigetragen habe, beruhe auf einem Missverständnis.

Nur noch ein einziges Mal würde Orville den Mut aufbringen, seine Schwester zu sehen. Sie lag wegen einer Lungenentzündung im Sterben, nicht einmal drei Jahre nach ihrer Hochzeit. Nach ihrem Tod nahm Orville Wright ihre Leiche mit nach Hause und begrub sie neben Bruder Wilbur. Dort gehörte sie hin.

GEORG RATZINGER

Georg Ratzinger erhielt die Nachricht im April 2005: Sein kleiner Bruder wurde Papst. Zuerst konnte Georg einfach nur noch heulen, zu Hause in Regensburg. Dann saß er lange und gedankenversunken vor dem Fernseher. »So habe ich ihn noch nie erlebt«, sagte Agnes, seine treue Haushälterin. Die Weltpresse strömte herbei. »Natürlich bin ich stolz«, sagte Georg. »Aber glücklich? Nein, glücklich bin ich ehrlich gesagt nicht.« Georg, damals einundachtzig, machte sich Sorgen. Sein kleiner Bruder war auch schon achtundsiebzig – und dann noch Papst werden! »Ich dachte, dass sein hohes Alter und seine fragile Gesundheit Grund genug für die Kardinäle sein würden, jemand anderen zu wählen.«

Die Brüder Ratzinger waren von klein auf Verbündete. Georg und Joseph gingen im erzbischöflichen Studienseminar St. Michael im bayerischen Traunstein zur Schule. Fromme, eifrige Studenten seien sie gewesen, so erzählen Leute aus der Nachbarschaft. 1951 wurden die Brüder am gleichen Tag zu Priestern geweiht. Joseph wurde Theologieprofessor, später Erzbischof und danach also Papst. Priester Georg folgte seiner anderen Leidenschaft, der Musik. Er hatte am Konservatorium studiert und durfte als Chordirigent an die Arbeit. Von 1964 bis 1994 war er Domkapellmeister in Regensburg und »Chef« der berühmten, tausend Jahre alten Regensburger Domspatzen.

Joseph Ratzinger – alias Papst Benedikt XVI. (2005–2013) – ist ebenfalls verrückt nach Musik. Er verehrt vor allem Bach, hat aber auch seine Mozartphasen. 2008 zum Beispiel, als er seinen Bruder zum Geburtstag mit einem Livekonzert verwöhnte: Der Papst hatte den hundertzwanzigköpfigen Regensburger Chor für eine Mozartvorstellung in der Sixtinischen Kapelle einfliegen lassen. Kosten: neunzigtausend Euro. Auch an ihrem Feriendomizil fehlte es in jenem Jahr nicht an Musik. In das mittelalterliche Seminar im italienischen Alto Adige hatten die Brüder sich ein Klavier liefern lassen.

NATÜRLICH
BIN ICH STOLZ.
ABER NICHT
GLÜCKLICH.

Georg Ratzinger

Georg und Joseph fuhren während des Pontifikats mehrmals gemeinsam in Urlaub, meistens in die Sommerresidenz des Papstes in Castel Gandolfo in der Nähe von Rom. Georg wurde dort 2008 gar zum Ehrenbürger ernannt, die Laudatio hielt Joseph: »Die Anzahl unserer vor uns liegenden Lebenstage nimmt immer weiter ab. Aber selbst in dieser Phase hilft mein Bruder mir dabei, beherrscht, demütig und mutig die Last jedes Tages zu tragen.«

Wenn es sein muss, verteidigt der große Bruder den kleinen. Unmittelbar nach der Papstwahl widersprach Georg suggestiven Schlagzeilen zur Nazivergangenheit seines Bruders. Die Schlagzeile im britischen Boulevardblatt *The Sun* übertraf alle anderen: »*From Hitler Youth to Papa Ratzi.*« Alles Quatsch, sagte Georg, Joseph sei in der Hitlerjugend gewesen, weil es Pflicht war, nicht weil er das wollte. »Unsere Familie hasste die Nazis.« 2009 gab Georg Ratzinger Bundeskanzlerin Angela Merkel eins auf den Deckel. Sie hatte gesagt, dass der Papst sich nicht ausreichend vom britischen Bischof Richard Williamson distanziert habe, welcher den Holocaust bagatellisiert hatte. »Ich habe sie immer als vernünftige Frau gesehen«, sagte Ratzinger der *Leipziger*

Volkszeitung. »Aber vielleicht steht sie momentan auch unter Druck, dass sie sich so äußert, wie sie es vernünftigerweise nicht machen würde.« Sein Bruder sei nicht auf seine Verteidigung angewiesen, sagte er, »aber es ärgert mich, wie unvernünftig und schlecht informiert viele Leute sind, die ihn jetzt angreifen«.

2010 geriet Bruder Georg selbst in Bedrängnis. Auch das Internat »seiner« Regensburger Domspatzen entkam nicht der Flutwelle von Berichten über sexuellen Missbrauch in der katholischen Kirche. Der frühere Schüler Franz Wittenbrink, der zu der Zeit auf dem Internat war, als Georg Ratzinger den Chor leitete, sprach von einem »ausgeklügelten System sadistischer Strafen verbunden mit sexueller Lust«. Der Direktor des Internats habe abends regelmäßig ein paar Jungen aus dem Schlafsaal mit in seine Wohnung genommen. Es habe Rotwein gegeben, und dann habe der Priester mit den Minderjährigen masturbiert. »Jeder wusste es«, sagte Wittenbrink im *Spiegel*. Nein, sagte Georg Ratzinger dazu, er habe nichts davon gewusst.

Im Februar 2013 trat Georgs kleiner Bruder von seinem Papstamt zurück. Die Brüder sind sich noch ebenso verbunden wie zuvor: Weihnachten 2013 feierten sie zusammen in dem Haus im Vatikan, in dem der emeritierte Papst nun wohnt. Georg blieb noch eine Weile, bis Mitte Januar, sodass er seinen neunzigsten Geburtstag zusammen mit seinem Bruder feiern konnte. Und Ende 2014 sagte er dem Bayerischen Rundfunk, dass das Leben von Joseph nun viel »gelöster« sei als während des Pontifikats.

Der beschützerische große Bruder kann erleichtert ausatmen.

JACK CHURCHILL

Nur wenige Menschen waren für Winston Churchill wichtiger als sein fünf Jahre jüngerer Bruder John Spencer-Churchill, Rufname Jack. Die Brüder teilten sich im Internat Harrow ein Zimmer, heirateten beide im Sommer 1908, bekamen beide 1909 ihr erstes Kind und fuhren als erwachsene Männer zusammen in den Urlaub nach Südeuropa und Nordamerika. Beide waren während des Burenkrieges in Südafrika: Winston als Kriegsberichterstatter, Jack als Soldat. Im Ersten Weltkrieg schickten sie einander Nachrichten von der Front, Jack noch immer als Soldat, Winston inzwischen als Marineminister. Und als Jack 1940 während des deutschen Bombenregens sein Haus verlassen musste, fand er Unterschlupf in der Downing Street 10, im Premierswohnsitz seines Bruders.

Als Jack 1947 starb, stand Winston trauernd neben seinem Bett.

Und doch kennt jeder Winston, und keiner kennt Jack.

Das liegt zum Teil an Winston Churchill selbst. In seiner Autobiografie *Meine frühen Jahre* schreibt er, wie er während eines Ferienaufenthalts in der Schweiz mit einem »anderen Jungen« aus einem Boot steigt, um im See zu schwimmen. Aber das Boot treibt weg, und Panik bricht aus. Zum Glück kann Winston das Boot gerade noch festhalten. So rettet er den »anderen Jungen«. Dieser andere Junge war natürlich Jack, aber in seinem Buch ging es Winston um nichts anderes als seine Rolle als Retter.

Winston Churchill wusste, was er wollte. Geschichte schreiben. Das tat er buchstäblich als Kriegsberichterstatter und Journalist, und später im übertragenen Sinn als britischer Premierminister und fleischgewordener Nicht-Appeaser während des Zweiten Weltkriegs. Danach schrieb er die Geschichte in seinen sechsteiligen Kriegsmemoiren neu, damit er noch schöner in die Schulbücher aufgenommen würde. Die menschliche, unvollkomme-

Jack Churchill (rechts) neben seinem Bruder Winston bei der Besichtigung eines Militärgeländes, 1941

ne Seite von Winston Churchill erhielt dadurch zu wenig Beachtung. Und somit auch sein Bruder Jack.

Denn gerade im Vergleich zu Jack war Winston unvollkommen. Auf dem Internat Harrow war Jack eifrig und immer der Klassenbeste. Winston dagegen war faul und laut, sehr zum Unbehagen seines Zimmergenossen Jack. Als Winston eines Tages unterwegs war, schrieb Jack erleichtert einen Brief an ihre Mutter: »Ich habe Aussicht auf einen ruhigen Tag. Danach sehne ich mich. Ich komme nicht zur Ruhe, wenn er hier ist.« Auch ein Lehrer beklagte sich über Winston, diesmal bei dessen Vater Lord Randolph Churchill: »Winston suggerierte mir, seine Geschichtskenntnisse seien so profund, dass er keinen Unterricht mehr haben wolle!« Vater Churchill gab Winston wiederholt zu verstehen, dass er sich seinen Bruder zum Vorbild nehmen solle – ziemlich erniedrigend für einen Bruder, der gut fünf Jahre älter ist.

Nun glänzte Jack aber auf sämtlichen Gebieten, nicht nur als Internatsschüler, sondern auch als Soldat. Er bekam Auszeichnungen für seine Tapferkeit. Außerdem war er ein vorbildlicher Ehemann. Er wollte unbedingt seiner Frau während der Geburt beistehen, in jener Zeit ein ungewöhnlicher Wunsch.

Jack Churchill begnügte sich mit einem langweiligen Administrationsjob in einem Londoner Büro, um seiner verschwenderischen Mutter Geldsorgen zu ersparen. So gehörte der Bruder von Winston Churchill zu den wenigen Männern seiner Zeit, die Tippen lernten. Glücklich war Jack nicht mit seiner Arbeit. Eine glänzende Karriere in der Armee oder an der Universität von Oxford löste sich in Rauch auf.

Jack opferte sich auf, und Winston wuchs weiter. Irgendwie akzeptierte Jack die untergeordnete Rolle. Und Winston machte gerne davon Gebrauch. Die Biografie über ihren Vater wurde unter Winstons Namen veröffentlicht: Mit keinem Wort erwähnte er seinen Bruder Jack, der für das Buch ausführliche Vorrecherchen angestellt hatte. Bruder Jack hegte keinen Groll. Er war stolz auf seinen berühmten Bruder, den er immer wieder erwartete, wenn er von einer Überseereise zurückkehrte.

So schaffte es Winston Churchill von einem Beinahe-Versager zum größten Briten des 20. Jahrhunderts. Ein Titel, für den Jack zu gut war.

BERNIECE BAKER

Mit zwölf Jahren bekam Marilyn Monroe plötzlich eine neunzehnjährige Halbschwester. Sie hieß Berniece Baker Miracle, war verheiratet und wohnte in Detroit, weit weg von der Kalifornierin Marilyn. Die Schwestern hatten nichts voneinander gewusst, bis ihre geisteskranke Mutter aus der Anstalt einen Brief in ihre Welt hinausschickte.

Marilyn Monroe – Taufname: Norma Jean Baker – wusste nicht, wer ihr Vater war, und konnte nicht auf ihre Mutter Gladys zählen. Sie wusste nur von einem verstorbenen Halbbruder, den sie nie kennengelernt hatte. Sogar ihre liebsten Mutterfiguren aus den Pflegefamilien, in denen sie aufwuchs, starben früh. Mit einer eigenen Familie klappte es ebenfalls nicht: Marilyn Monroe hatte mindestens zwei Fehlgeburten. Der plötzliche Auftritt einer Schwester war also ein sehr willkommenes Geschenk. Auch, weil es Marilyn Monroe in Kontakt mit dem normalen Leben brachte, einem Leben, wie sie es selbst nie führen würde.

Der Kontakt zwischen den Schwestern begann mit dem Schreiben von Briefen und dem Austausch von Fotos. Erst nach sechs Jahren waren genug Zeit und Geld für eine erste Begegnung vorhanden. 1944 stieg die noch unbekannte achtzehnjährige Marilyn am Bahnhof von Detroit aus dem Zug. Ihre große Schwester Berniece erkannte sie sofort. »Keiner der anderen Passagiere sah auch nur im Entferntesten so aus: groß, so schön und so frisch.« Auf dem Rücksitz des Autos starrten die Schwestern einander minutenlang an. Sie drückten einander vorsichtig und sahen den gleichen Mund im gleichen herzförmigen Gesicht. Bei Berniece zu Hause zogen sie ihre Strümpfe aus und lachten über ihren komischen mittleren Zeh, der längste von allen.

Als Berniece zwei Jahre später ihre kleine Schwester in Los Angeles besuchte, war die Weltmarke schon in der Mache. Norma Jean Baker hieß jetzt Marilyn Monroe – der Talentscout mochte Alliterationen, keine doppelten Vornamen. Marilyn schlief mit Lockenwicklern, und die Locken blondierte sie. Vor dem Spiegel zeigte sie ihrer Schwester, wie sie mit einem Augenbrauenstift aus dem unauffälligen Muttermal auf ihrer Wange ein ausdrucksvolles Detail zauberte. Ab 1948 gelangte sie rasend schnell zu immer größerer Bekanntheit. Als Schauspielerin tauschte sie unbedeutende Rollen gegen auffälligere und wurde ein gern gesehenes Gesicht auf den Titelblättern von Zeitschriften. Marilyn schulte sich in der seriöseren Schauspielarbeit, unterschrieb 1952 einen siebenjährigen Vertrag mit 20th Century Fox, hinterließ ihren Handabdruck im ewigen Zement von Hollywood, heiratete die Baseballlegende Joe DiMaggio, von dem sie sich innert eines Jahres wieder scheiden ließ, und sang in Korea für die amerikanischen Streitkräfte.

Auch die bekannten Nachteile ihres Lebensstils begannen nun hervorzutreten. Sie wurde von Journalisten bedrängt und hatte kaum Privatsphäre. Jeder kannte die Gerüchte über ihr Liebesleben. Weil jeder alles weitererzählen könnte, war der beliebte Star auf der Hut.

Ja, ihre Schwester, die konnte sie noch ins Vertrauen nehmen. Berniece war sauber, sie war frei von all dem Hollywoodfilz. Eifersüchtig war ihre Schwester auch nicht – Berniece war glücklich mit ihrem Leben als Ehefrau und Mutter. Marilyn Monroe warnte sie vor der Klatschpresse. »Lass sie nicht in deine Privatsphäre einbrechen. Du hast das Glück, ein normales Leben zu führen.«

Tatsächlich hatten die Journalisten Marilyns Schwester bald entdeckt. Sie verfolgten sie und schliefen auf ihrem Rasen. Berniece besorgte sich eine geheime Telefonnummer, die sie zur Sicherheit regelmäßig änderte.

Unter falschem Namen reiste Berniece 1961 nach New York, um ihre berühmte kleine Schwester wieder einmal zu besuchen. Marilyn Monroe erholte sich gerade von einem Eingriff an der Gallenblase, aber es ging ihr überhaupt nicht gut. »Ich habe ganz schön viele Probleme. Ganz schön viele Probleme«, sagte sie täglich zu ihrer Schwester. Sie wollte aus ihrem beengenden Vertrag mit Fox heraus und grübelte über den Verkauf ihrer eigenen Filmgesellschaft nach. Geschäfte ließen sie zu viel bezahlen, sagte sie, und ihr Personal erscheine zu spät. Eine Mahlzeit, die von einem neu eröffneten Italiener um die Ecke geliefert worden war, warf Marilyn direkt in den Müll: Die könnte ja auch vergiftet sein. Und als sei das alles noch nicht genug des Elends, meckerte Mutter Gladys in ihren Briefen nur so drauflos, obwohl sie dank dem Geld von Marilyn in einer großartigen Anstalt war.

Marilyn Monroe erzählte ihrer Schwester längst nicht mehr alles, aber sie verstanden sich noch immer gut. Sie probierten jeweils die Kleider der anderen und gaben einander Geschenke. Marilyn Monroe verlor in diesen zwei Wochen, in denen sich Berniece in New York aufhielt, allerdings kein Wort über eine Begegnung mit einem Mann, der vielleicht ihr Vater sein könnte. Und wenn Berniece nach all den Schlaftabletten fragte, die sie schluckte, war Marilyns Antwort bissig: »Ich brauche sie!« Ihre Schlafzimmertür schloss sie nachts ab.

Hinter solch einer verschlossenen Schlafzimmertür fand Marilyn Monroe ein Jahr später den Tod. Sie starb an einer Überdosis Tabletten, mit einer Hand auf dem Telefon. Berniece war gerade eine Woche im Urlaub. »Ich denke immer noch«, sagte sie dreißig Jahre später, »sie wäre vielleicht nicht gestorben, wenn ich damals zu Hause gewesen wäre.«

OTTLA KAFKA

*F*ranz Kafka war nicht gerade eine Frohnatur. »Oft dachte ich schon daran, dass es die beste Lebensweise für mich wäre, mit Schreibzeug und einer Lampe im innersten Raume eines ausgedehnten, abgesperrten Kellers zu sein«, schrieb er an seine Verlobte Felice Bauer. »Das Essen brächte man mir, stellte es immer weit von meinem Raum entfernt hinter der äußersten Tür des Kellers nieder.«

Selbstmord kam für Kafka aus rein praktischen Gründen nicht infrage: Das Überleben sei eine kürzere Unterbrechung seines Schreibens als der Tod.

Es half nicht, dass Franz Kafka der einzige Sohn von Hermann Kafka war, der das Kleinkindalter überlebte. Der jüdische Geschäftsmann war alles, was sein ältestes Kind nicht war. Ein rüpelhafter, autoritärer und zügelloser Egozentriker. Hermann

Ottla Kafka mit ihrem
Bruder Franz in Prag, ca. 1914

Kafka maßregelte seinen schüchternen, kränklichen Sohn bei jeder sich bietenden Gelegenheit. Zumindest wenn Hermann zu Hause war, denn an sechs bis sieben Tagen in der Woche arbeitete er in seinem Prager Geschäft für Modeaccessoires, in dem er mit seiner Frau ein Dutzend Arbeitskräfte zurechtweisen konnte.

Als Franz Kafka seine Verlobung mit Felice Bauer verkündete, empörte sich sein Vater gewaltig. Wie er sich um Himmels willen von ihr hatte verführen lassen können. Der Dichter würde am Ende nie heiraten, nicht Felice und auch keine andere Frau. Letzten Endes fehlt ihm immer der Mut, seine Beziehungen dauerhaft zu festigen. Die Ehe, so Franz, war das »Territorium« seines Vaters.

Sein Vater drückte auch Franz' Literatur seinen Stempel auf. In der Erzählung *Das Urteil* verurteilt ein Vater seinen »teuflischen« Sohn zum »Tode des Ertrinkens«. Und es wimmelt in Kafkas Büchern nur so von machtlosen Individuen, die zugrunde gehen an bürokratischen gesichtslosen Kräften.

Ottilie, die jüngste seiner drei Schwestern, machte Franz sehr wohl fröhlich. »Ottla« nannte er sie liebevoll. Bruder und Schwester teilten die Abneigung gegen ihren Vater. Ottla war stur und temperamentvoll, und das vertrug Vater Hermann nicht. In einem nie abgeschickten Brief an Hermann, dem postum veröffentlichten *Brief an den Vater*, schrieb Franz Kafka über die Beziehung zwischen Vater und Tochter: »Unter gewöhnlichen Umständen, also wenn sie nicht etwa in besondere Not oder Gefahr käme, hast Du für sie nur Hass; Du hast mir ja selbst zugestanden, dass sie Deiner Meinung nach mit Absicht Dir immerfort Leid und Ärger macht.«

Franz und Ottla reagierten jeder auf seine eigene Art auf den Vater. Franz griff, das ist bekannt, nach Stift und Papier, während Ottla sich in entscheidenden Momenten vehement dem Willen ihres Vaters widersetzte. Er wollte nicht, dass Ottla von einem Schwager den Bauernhof im nordböhmischen Zürau übernahm – Ottla tat es trotzdem. Er wollte nicht, dass sie einen nichtjüdischen, tschechischen Nationalisten heiratete – Ottla tat es trotzdem.

Franz und Ottla unterstützten einander. Als er wegen seiner Tuberkulose von der Versicherungsgesellschaft, bei der er arbeitete, Genesungsurlaub bekam, kam Franz bei seiner kleinen Schwester in Zürau unter. Er blieb ein gutes halbes Jahr, vom

Herbst 1917 bis zum nächsten Frühling. Es sei vielleicht gar die beste Zeit seines Lebens gewesen, schrieb Franz später. In jener Zeit suchte die wissbegierige Ottla nach einer guten Gartenbauschule. Bruder Franz half ihr. Und wie. Im September 1918 schickte er ihr aus Prag einen ausführlichen Brief mit all seinen Erkenntnissen: »Ich habe ein wenig herumgeschrieben [...]. Einen Haufen Prospekte tschechischer Haushaltungsschulen habe ich außerdem, es sind das Schulen, die meistens mit Landwirtschaftsschulen in Verbindung sind [...]. Durch einen Bekannten habe ich mich über diese Schulen bei einem großen Fachmann erkundigt [...]. Noch mehr aber als Liebwerda hat dieser Fachmann Friedland empfohlen [...]. Wegen der Kosten des Ganzen musst Du mit dem Vater gar nicht reden, ich zahle es sehr gern.«

Ottla heiratete und bekam zwei Töchter. Kafka hätte sie gerne aufwachsen sehen, aber seine schwache Gesundheit machte ihm einen Strich durch die Rechnung. Er starb 1924 an Tuberkulose, vierzig Jahre jung.

Auch Ottla wurde nicht alt. Im Dritten Reich war sie als Ehefrau eines Nichtjuden zwar keine

Beute für die Nazis, aber als sie die unglückliche Ehe 1942 beendete, war sie plötzlich vogelfrei und wurde verhaftet. Im Konzentrationslager Theresienstadt erbarmte sie sich einer Gruppe polnisch-jüdischer Kinder. Als die Gruppe im Oktober 1943 aus dem Lager deportiert wurde, ging Ottla als Begleiterin mit.

Der Bestimmungsort stellte sich als Auschwitz heraus. Ottla Kafka wurde dort noch im selben Jahr ermordet.

CORNELIA GOETHE

Nach Johann Wolfgang von Goethe, einem der größten Dichter des Landes, ist eine der größten Universitäten Deutschlands benannt. Die Goethe-Universität in Frankfurt hat seit 1997 auch ein Zentrum für Frauen- und Genderstudien, benannt nach Goethes Schwester. Das Cornelia Goethe Centrum. Denn das Leben von Johann Wolfgangs kleiner Schwester Cornelia sei beispielhaft für die Ungleichheit zwischen Mann und Frau, so die Gründerin des Zentrums, die emeritierte Soziologieprofessorin Ute Gerhard.

Gerhard hat recht, wenn auch nicht uneingeschränkt. Cornelias Jugend war nämlich sehr fortschrittlich. Normalerweise war die Kindheit von Mädchen im 18. Jahrhundert bereits ausgerichtet auf das spätere Ehe- und Hausfrauendasein. Aber

Vater Johann Caspar Goethe, ein Jurist und harter Arbeiter, hatte andere Pläne für seine Tochter: studieren, studieren und nochmals studieren – genauso wie es ihr fünfzehn Monate älterer Bruder Johann Wolfgang tun musste. Gerade wegen dieser ungewöhnlichen Erziehung ist das Schicksal von Cornelia Goethe so tragisch.

Der Anfang war also vielversprechend. Cornelia durfte mit ihrem Bruder Johann Wolfgang Italienisch, Französisch, Griechisch und Latein lernen, außerdem Fächer wie Recht und Erdkunde. Wegen des geringen Altersunterschieds bildeten Cornelia und Wolfgang ein echtes Duo, auch weil all ihre anderen Geschwister durch Kinderkrankheiten wie Pocken und Masern viel zu früh den Tod gefunden hatten. Bruder und Schwester führten zusammen Theaterstücke auf – Johann als Kaiser Nero, Cornelia als Neros Mutter. Sie hatten ihre eigene Sprache entwickelt, damit sie sich – ebenso wie die Geschwister Mozart – in Gesellschaft anderer austauschen konnten, ohne dass man sie verstand.

Doch Cornelia durfte weniger als ihr Bruder, und sie musste mehr. Klavier spielen zum Beispiel. Johann fasste den neu angeschafften Flügel kaum an, aber Cornelia musste »zu Ehren des Klanges« tagelang üben. Und während Cornelia zu Hause bleiben musste, zog der Teenager Johann lieber los, den Main und Rhein entlang oder den Großen Feldberg hinauf.

1765 verließ der sechzehnjährige Johann das elterliche Haus, um in Leipzig Jura zu studieren. Cornelia stand nun im Mittelpunkt der pädagogischen Aufmerksamkeit ihres Vaters, was zulasten ihrer ohnehin geringen Freizeit ging. Inzwischen störte sie sich auch an ihrem Bruder, der ihr von Leipzig aus vorschrieb, was sie lesen dürfe und was nicht. Der *Decamerone* von Boccaccio sei zu erotisch für seine kleine Schwester, schrieb er. Cornelia brach vor Wut ein Jahr lang den Kontakt ab.

Von 1768 bis 1770 wohnte Johann Wolfgang wieder zu Hause in Frankfurt. Das Verhältnis zu seiner Schwester wurde so innig und vertraut wie früher. Danach zog er für sein Studium nach Straßburg, wo er sich den Kopf zerbrach über ein Theaterstück, das er schreiben wollte. Seine Schwester hielt er mit Briefen auf dem Laufenden. *Schreib* jetzt endlich das Theaterstück, so Cornelia. »Durch diesen Antrieb bestimmt, fing ich eines Morgens zu schreiben an«, schrieb der große Goethe. 1773 war er fertig. Das Theaterstück, *Götz von Berlichingen*, wurde sein erster literarischer Erfolg.

Für seine kleine Schwester Cornelia hingegen war das gleiche Jahr der Anfang vom Ende. So gut ausgebildet sie auch war, sie musste sich mit der Rolle als Mutter und Ehefrau begnügen. Sie heiratete einen Freund ihres Bruders, Johann Georg Schlosser, einen Juristen und hohen Beamten, mit dem sie in Emmendingen ein Haus bezog, das gemäß ihrem Bruder zwar geräumig und würdig war, aber keinerlei Gemütlichkeit aufwies.

Cornelia verkümmerte in der Provinzstadt, auch weil ihre Schwangerschaften problematisch verliefen. Die Geburt ihres ersten Kindes überlebte sie nur knapp. Die zweite Schwangerschaft bereitete ihr ebenfalls einige Unannehmlichkeiten, und ihr Mann entschied, zukünftig auf Geschlechtsverkehr zu verzichten. »Das Schwangersein macht mein Weib immer auf ein ganzes Jahr zu allem untüchtig, und so viel Verleugnung hab ich in meinem immer bußfertigen Leben gelernt, dass ich um ein Viertel Stündchen kein Jahr mehr hingebe«, schrieb er einem Freund. Die Geburt ihres zweiten Kindes

wurde für Cornelia fatal. Sie starb mit nur sechsundzwanzig Jahren.

Ihr Bruder lebte noch fünfundfünfzig Jahre weiter, und nach seinem Tod auf ewig in der Literatur.
Cornelia bleibt nur ihr Fraueninstitut.

Albert und Maja Einstein bei der
Weltausstellung in New York, 1939

MAJA EINSTEIN

Maja Einstein, geboren 1881 in München, wurde zur engsten Vertrauten im Leben ihres Bruders, des Wissenschaftsgenies Albert. Doch der Anfang war holprig: Der zweijährige Albert hatte zu Ohren bekommen, dass er mit der Geburt seiner Schwester einen Spielkameraden bekommen würde. Spielzeug also, folgerte Albert. Seine Enttäuschung war entsprechend groß, als er Baby Maja zu Gesicht bekam: »Ja, aber wo hat es denn seine Rädchen?«

Der junge Albert war ein Hitzkopf, er warf einmal mit einer Bowlingkugel nach seiner Schwester, und bei einer anderen Gelegenheit schlug er ihr eine Kinderhacke gegen den Kopf. »Woraus ohne Weiteres ersichtlich ist, dass auch ein gesunder Schädel dazu erforderlich ist, die Schwester eines Denkers zu sein«, sagte Maja später.

Majas Bruder war ein ziemlich unbeständiger Liebhaber. Mit sechzehn bandelte Albert mit Maria Winteler an, der schönen Tochter seiner Gasteltern im schweizerischen Aarau, wo Albert ein Jahr lang das Gymnasium besuchte. Die Wintelers wurden wie eine zweite Familie für ihn. Auch Maja zog bei ihnen ein, als sie in Aarau zur Schule ging. Bruder Albert war da schon nach Zürich gezogen, wo er mit seiner serbischen Kommilitonin Mileva Mari eine Beziehung begann. Der Liebeskummer von Maria Winteler war ebenso groß wie ihre Wut. Sie reagierte sich am einzigen Einstein ab, der in der Nähe war: Maja.

Maja hatte Verständnis für Maria Wintelers Wut und verhielt sich ihr gegenüber milde. Aber ihren Bruder Albert hätte sie erwürgen können. »Ich vertrage mich keine Minute mit Albert«, schrieb sie. Albert seinerseits: »Maja ist sehr giftig gegen mich.«

Maja Einstein besuchte in Aarau das Lehrerinnenseminar. Ihre Lieblingsfächer: Geschichte, Musik und Sprachen. Die Wissenschaft lag ihr nicht. Dass Frauen studierten, war um die Jahrhundertwende außergewöhnlich, und doch setzte Maja sich durch: Sie studierte an verschiedenen Universitäten Philosophie, Literatur, Französisch und Italienisch. In Bern erlangte sie sechsundzwanzigjährig einen Doktortitel mit magna cum laude. Sie heiratete Paul Winteler, den jüngsten Sohn der Familie Winteler. Kinder hatten sie nicht.

Mit ihrem Bruder Albert hatte Maja sich inzwischen versöhnt. Sie hatte in Bern eine Zeit lang bei ihm gewohnt und verfolgte seine Karriere aufmerksam. Nachdem Alberts Allgemeine Relativitätstheorie 1919 experimentell bekräftigt worden war und er plötzlich weltberühmt wurde, schrieb Maja ganz unbefangen: »In einem Luzerner Blatt (!) kam ein Artikel über dich.«

Ihr Kontakt zu Albert blieb gut, auch als er sich endgültig im amerikanischen Princeton niederließ. Maja blieb in Europa, zog mit ihrem Mann Paul nach Italien und hielt Kontakt zu Alberts beiden Kindern, auch zum schizophrenen Eduard.

Der aufkeimende Faschismus war auch für Maja eine Katastrophe. 1938 verloren ihr Mann und sie ihr Aufenthaltsrecht in Italien: das Los aller Juden im Land von Mussolini. Paul zog in die Schweiz. Maja Einstein wollte 1939 erst einmal für ein paar Monate nach Amerika fahren, um ihren Bruder

Albert zu besuchen, den sie seit sechs Jahren nicht mehr gesehen hatte.

Maja erreichte Amerika, aber weil der Krieg ausbrach, war plötzlich keine Rede mehr davon, nach Europa zurückzukehren. Maja wohnte also weiter bei Albert und machte das Beste daraus, trotz des Heimwehs. Sie hörte sich aufmerksam die neuesten wissenschaftlichen Ideen ihres weltberühmten Bruders an, obwohl sie nur die Hälfte verstand. Sie unternahmen Segeltouren entlang der amerikanischen Ostküste, und Maja traf die prominenten Gäste, die ihren Bruder besuchten.

Inzwischen baute ihre Gesundheit ab. Ihre Adern verkalkten, und sie sah immer schlechter. Sie wollte zurück nach Europa, zurück zu Ehemann Paul, doch das war praktisch unmöglich geworden. Dass Paul zu Maja reisen würde, stand irgendwie außer Frage, möglicherweise weil ihm die Einreise nach Amerika schon einmal verweigert worden war – wegen unklarer Gesundheitsprobleme. Tatsächlich sah Maja Einstein ihren Mann nie mehr wieder.

Die Verbindung zu Bruder Albert spendete ihr Trost. »Es ist wie in den Tagen unserer Jugendzeit«, schrieb sie einer Freundin. »Alle seitherige verschie-

ICH
FREUE MICH
JEDEN TAG
AUF DIESE
STUNDE.

Maja Einstein

dene Lebensführung scheint verschwunden.« Maja glich auch immer mehr ihrem Bruder. Ihre Stimme klang ebenso skeptisch wie seine, und ihr silbergraues Haar war »der Gnade des Windes überlassen«, wie jemand es umschrieb.

Ab 1946 war Maja Einstein ans Bett gefesselt. Ihr Bruder las ihr jeden Abend aus *Don Quijote* oder von Bertrand Russell, ihrem liebsten Philosophen, vor. »Ich freue mich jeden Tag auf diese Stunde«, sagte Maja, »und habe die Genugtuung zu sehen, dass er sich ebenso freut.« Albert Einstein ließ die Lesestunde tatsächlich nur ungern ausfallen, wenn er wieder einmal prominente Besucher empfangen musste.

Maja starb, neunundsechzig Jahre alt, in Princeton. »Nun fehlt sie mir mehr, als man sich leicht vorstellen kann«, schrieb Albert Einstein, weltberühmter Physiker, Bruder von Maja.

ANMERKUNG

Die Porträts in diesem Buch basieren auf Biografien über und, wo möglich, auf Autobiografien der unbekannten Geschwister. Auch habe ich Interviews und biografische Informationen aus Zeitungen im In- und Ausland und – in geringerem Maße – von Websites herangezogen. Dies alles lieferte mir einen Schatz an Informationen: Ein Quellenverzeichnis befindet sich auf den Folgeseiten.

Zum Teil war es unvermeidlich, sich auf schriftliche Quellen zu verlassen: Fast die Hälfte der porträtierten Geschwister ist verstorben. Bei den lebenden Brüdern und Schwestern waren meine Überlegungen praktischer Natur: Wenn es mir überhaupt gelingen würde, selbst mit dem Bruder von Aung San Suu Kyi zu sprechen, bliebe dennoch die Frage, was solch ein Interview der Reihe von Interviews, Zeitungsartikeln und Büchern, die ich bereits zur Verfügung hatte, hinzufügen könnte. Meine Absicht mit diesem Buch war vor allem, die bruchstückhaften, oft viel zu wenig beachteten Lebensgeschichten dieser Geschwister zu sammeln und sie mit eigenen Worten zu beschreiben.

Eine letzte Anmerkung: Dieses Buch erschien 2011 in niederländischer Sprache. Für die deutsche Übersetzung wurden die Geschichten überarbeitet und – wo es nötig und möglich war – aktualisiert. Wo deutschsprachige Personen sprechend oder schreibend angeführt werden, wurde nach Möglichkeit das deutsche Originalzitat eingefügt.

DANK

Mit herzlichem Dank an Arend Hosman, Liesbeth van Schijndel und alle anderen Mitarbeiter des Verlags Thomas Rap für die gute Zusammenarbeit. Dank an Patrick Sielemann für die fruchtbare und angenehme Zusammenarbeit bei der deutschen Ausgabe und an Katharina Blansjaar für die tadellose Übersetzung. Margot Poll danke ich für die Koordination der Geschwisterserie bei *nrc.next*, welche die Basis für dieses Buch bildete. Mein Dank gilt auch den Bild- und Abschlussredakteuren von *nrc.next* und *NRC Handelsblad* und den Dokumentaren Marianne Vermaak, Bertie Vielvoye, Pieter van Tongerloo, Mandy Roos und Jos Smith – ohne euch wäre weder Serie noch Buch möglich gewesen. Dank an Frank Sulloway für die guten Tipps, an John Neal Phillips für die Informationen zu Buck, Blanche, Bonnie und Clyde und an Gerrit Breeuwsma für einen telefonischen Schnellkurs in Entwicklungspsychologie.

Esther, Dieuwerke, Goossen, Frea: danke für das kritische Mitlesen. Danke, Jornt, für dein Dichterhaus. Liebe Frea, danke für deine Unterstützung an all den Abenden und Wochenenden und Ferientagen und Feiertagen, an denen ich an diesem Buch arbeitete, es ist nun wirklich fertig, glaube ich. Lieber Jonas und Casper, meine Söhne, danke, dass es euch gibt. Liebe Lucie, lieber Peter, danke, euretwegen weiß ich, was es bedeutet, ein Bruder zu sein.

QUELLEN

Chris Jagger

Christopher Sandford: *Mick Jagger. Sein Leben und seine Musik*, München 1993.

»Chris Jagger«, *Scottish Express*, 14. 12. 2013.

»Mick's Blues Brother Rolls Our Way«, *Herald Sun*, 12. 08. 2009.

»Mick's Bro Surprised by Fuss«, *The Globe and Mail*, 30. 06. 2007.

»›Was ik maar wat commerciëler geweest‹«, *GPD*, 01. 04. 2006.

»Now That's What I Call a Rock Tour«, *The Mail on Sunday*, 07. 08. 2005.

»O Brother, Where art Thou?«, *The Independent*, 24. 06. 2004.

»Why I'm Still Rocking at 50«, *Daily Mail*, Dezember 1997.

»Larger Than Life«, *St. Louis Post-Dispatch*, 15. 02. 1996.

»Listen with Brother«, *The Evening Standard*, 30. 03. 1994.

www.chrisjaggeronline.com

Pippa Middleton

»How Did Pippa Get That Bottom?«, *The Mirror*, 03. 05. 2011.

»Wed-Hot Pippa is Next«, *Daily Star*, 02. 05. 2011.

»Classy Sister Act That Nearly Stole the Show«, *The Mirror*, 02. 05. 2011.

»Pippa's a Charmin' Party Girl«, *The New York Post*, 02. 05. 2011.

»›Her Royal Hotness‹ All But Engaged«, *The New Zealand Herald*, 02. 05. 2011.

»Her Royal Hotness Will Be Next to Wed«, *Mail on Sunday*, 30. April 2011.

»Pip Pip Hooray«, *The People*, 01.05.2011.

»Harry Smitten by a Right Royal Hottie«, *Sunday Telegraph* (Australien),
01.05.2011.

»A New Star Takes Centre Stage«, *Times Colonist* (Canada), 01.05.2011.

»Introducing Pippa Middleton«, *The Globe and Mail* (Canada),
30.04.2011.

»Cat Who Got the Cream«, *Daily Mail*, 28.04.2011.

»Meet the Maid of Honor«, *abc News Transcript*, 08.03.2011.

»Sure You Picked the Right Sister, Wills?«, *Daily Mail*, 19.02.2011.

»Kate Middleton's Eligible Little Sister«, *The Express*, 20.11.2010.

»The Other Very Ambitious Miss Middleton«, *Daily Mail*, 12.07.2010.

»›Beautiful, Fragrant and Can Climb Up Anything‹«, *Sunday Star*,
23.11.2008.

»The Other Middleton Girl«, *The Scotsman*, 03.11.2008.

»Kate's ›Wisteria Sister‹«, *Mail on Sunday*, 01.11.2008.

»Wild Side of Kate's Family«, *Daily Mail*, 09.08.2008.

»The Other Middleton Girl: the Lady-in-Waiting-in-Waiting«,
Sunday Express, 27.07.2008.

»We're the Sizzler Sisters«, *Daily Mail*, 09.06.2007.

»The It Girls in Search of a Prince«, *Sunday Express*, 03.06.2007.

»First Kate, Now Sister Pippa Splits From Heir«, *Mail on Sunday*,
21.04.2007.

www.facebook.com/PippaMiddletonAssAppreciationSociety/

Hugo Maradona

Diego Armando Maradona: *El Diego. Mein Leben*, München 2001.

»Former Pro Soccer Player to Host Buckner Camp«,
The Courier-Journal, 25.06.2009.

»Buscará Islanders derrotar al cruz azul«, *Servicio Universal de Noticias*,
16.03.2009.

»La revancha, veinte años después«, *La Voz de Cadiz*, 28. Februar 2009.

»›Me da asco‹«, *Reforma*, 08.04.2008.

»Apoyo del ›10‹«, *El Norte* (Mexiko), 08.04.2008.

»Woolfolk Aims to Heat it Up«, *Vancouver Sun*, 01.04.2006.

»Whitecaps Face Maradona Magic with Islanders«,
   Vancouver Sun, 27.08.2005.
»Maradona: devoción por sus hijas, padres, pero un matrimonio
   desecho«, *Agence France-Presse*, 20.04.2004.
»Otra vez Hugo Maradona en acción«, *El Nuevo Herald*, 30.11.2001.
»Im langen Schatten des großen Bruders«, *Süddeutsche Zeitung*,
   16.09.1999.
»Hermano de Diego Maradona otra vez en el fútbol argentino«,
   Spanish Newswire Services, 22.08.1999.
»Consadole Sapporo to Release Maradona«, *Japan Economic Newswire*,
   10.12.1998.
»Oh Brother, What A Name to Live Up To«, *Canberra Times*,
   08.02.1997.
»Fukuoka's Hugo Maradona Denies Report on Getting Drugs«,
   Japan Economic Newswire, 22.10.1996.
»Maradona Gives Avispa First J-League Win«, *Agence France-Presse*,
   03.04.1996.
»Hugo Maradona es presentado en Japón«, *El Nuevo Herald*, 28.09.1991.
»Japanese Sign Brother to Tempt Diego«, *Agence France-Presse*,
   26.09.1991.
»Sport (In Brief): Maradona II / Football«, *The Times*, 11.05.1987.
»Maradona Gives His Conditions«, *The Times*, 14.03.1987.

Maria Anna Mozart

Georg Nikolaus Nissen, Constanze Nissen: *Biographie W. A. Mozarts*,
   Leipzig 1828.
Nancy Moser: *Nannerl, de zus van Mozart*, Barneveld 2008.
Ank Reinders: *Nannerl Mozart – die Schwester eines Genies*,
   Nordhausen 2008.
Wolfgang Amadeus Mozart: *Mozarts Briefe*, Salzburg 1867.
Wolfgang Amadeus Mozart: Briefe. *Eine Auswahl*, Berlin 1964.
Wolfgang Amadeus Mozart: *Brieven, keuze uit de correspondentie van
   de Oostenrijkse componist* (1756–1791), Leiden 1991.
Piero Melograni: *Wolfgang Amadeus Mozart. Eine Biographie*,
   München 2009.

Stefan Schickhaus, Aad van der Kooij: *Wolfgang Amadeus Mozart.
Geïllustreerde biografie*, Utrecht 2006.

»Newly Discovered Pieces by Mozart Presented in Salzburg«,
Agence France-Presse, 02.08.2009.

»Mozart Sister Treated to Biopic«, *WENN Entertainment News Wire
Service*, 09.02.2009.

»In Mozart's Shadow. His Sister's Story«, *Kirkus Reviews*, Mai 2008.

»Her So-Called Life«, *Chicago Sun-Times*, 04.11.2007.

»Models are Also Role Models«, *The Age* (Melbourne), 18.07.2007.

»Mozart's Woman«, *South China Morning Post*, 09.04.2006.

»Families That Play Together«, *The Guardian*, 01.01.2001.

»A Brief Chat with Mozart's Sister. Concert Brings Sibling Back to Life«,
The Toronto Star, 02.11.1997.

»Siblings Who Share and Play Well Together«, *The New York Times*,
09.03.1997.

»The Secret Wish of Nannerl Mozart«, *Mennonite Reporter*, 11.11.1996.

»Musical Family's Contribution to Society«, *The New York Times*,
10.04.1994.

»Ms. Mozart Laces Show with Laughs«, *Hamilton Spectator* (Ontario),
14.04.1993.

»Mozart's Sis«, *The Seattle Times*, 12.01.1992.

Theodore Hardeen

William Kalush, Larry Sloman: *The Secret Life of Houdini*,
New York 2006.

J. C. Cannell: *The Secrets of Houdini*, New York 1973.

»The Very Voice of History in WNYC Archives«, *The New York Times*,
28.04.2007.

»Was Houdini Murdered?«, *Vancouver Sun*, 24.03.2007.

»The Classic Whodunnit«, *The Scotsman*, 24.03.2007.

»Final Escape for the Master of Illusion?«, *The Guardian*, 24.03.2007.

»Houdini Buffs Hope 77 is Magic Number This Year«,
The Seattle Times, 30.10.2003.

»Houdini's Final Wish Fulfilled in Mysterious Fire«, *Buffalo News*,
02.05.1995.

»A Houdini Scrapbook Reappears«, *Associated Press*, 27.10.1991.
»Houdini Makes a Grand Return«, *The Toronto Star*, 18.03.1989.

Solange Knowles
»Soul Sister«, *Scotland on Sunday*, 02.11.2008.
»Forget Her Sister«, *Vibe Magazine*, November 2008.
»Solange Knowles; Crazier in Love«, *The Village Voice*, 23.09.2008.
»Solange Knowles, the Lesser Sister«, *The Washington Post*, 02.09.2008.
»As I Am«, *Essence*, August 2008.
»Secrets of Celeb Sisters«, *Daily News* (New York), 01.04.2004.
»Beyonce's Sister Marries Young«, *Philadelphia Daily News*, 02.03.2004.
»Daddy's Girl«, *Essence*, Mai 2003.
»Fame; In Sync«, *The New York Times*, 09.09.2001.
»Tina's Touch«, *The Houston Chronicle*, 24.06.2001.

Albert Göring
William Hastings Burke: *Hermanns Bruder. Wer war Albert Göring?*,
    Berlin 2014.
Guido Knopp: *Göring*, München 2006.
Werner Maser: *Hermann Göring. Hitlers janusköpfiger Paladin*,
    Berlin 2000.
Saul Friedländer: *Das Dritte Reich und die Juden*, München 2008.
»Albert Göring, Hermann's Anti-Nazi Brother«, *The Guardian*,
    20.02.2010.
»Der gute Göring. Wie der Bruder des ›Reichsmarschalls‹ Hunderte
    Juden rettete«, *Berliner Kurier*, 01.04.2007.
»Goering's Nazi Hating Brother«, *The Express*, 13.05.2006.
»Was This a Good Goering?«, *Daily Mail*, 07.12.1998.
»Untold Tale of the Good Goering«, *The Scotsman*, 05.12.1998.

Juanita Castro
José de Villa: *Máximo Líder. Fidel Castro – eine Biografie*, Berlin 2006.
George Galloway: *Fidel Castro. El comandante*, Baarn 2008.
»Interview With Sister of Fidel Castro«, Transkript eines CNN-Interviews,
    04.11.2009.

»I Was a CIA Spy, Says Castro's Sister«, *The Vancouver Province*,
02. 11. 2009.

»The CIA Agent Who Penetrated the Heart of Castro's Regime«,
The Guardian, 27. 10. 2009.

»Not Her Brother's Keeper«, *Ottawa Citizen*, 27. 10. 2009.

»Castro's Sister Tells How She Spied for US and Protected His
Enemies«, *The Times*, 27. 10. 2009.

»Castro's Sister Shuts Miami Pharmacy«, *The Miami Herald*,
28. 02. 2007.

»Castro's Sister Reports Cuban Leader is Very Sick«, *US Fed News*,
04. 08. 2006.

»Castro's Sister Dismisses Rumours«, *USA Today*, 04. 08. 2006.

»Cuban Leader's Sister Not Crying, Not Cheering«, *The Miami Herald*,
02. 08. 2006.

»Castro's Sister Wins Suit«, The Miami Herald, 06. 08. 2005.

»Castro's Sister Defends Family's Honor«, *The Associated Press State
& Local Wire*, 23. 11. 1998.

»Sister Calls Castro a Traitor«, *The New York Times*, 26. 07. 1984.

»Brother Fidel Betrayed Everyone, His Sister Says«, *The Miami Herald*,
11. 12. 1983.

»Juanita Castro«, *Facts on File World News Digest*, 26. 03. 1982.

»Castro's Sister Becomes U.S. Citizen«, *United Press International*,
04. 02. 1982.

»Fidel Castro's Sister Carries Heavy Burden«, *The Associated Press*,
31. 05. 1981.

»Castro's Exile Sister«, *Newsweek*, 16. 05. 1977.

David Kaczynski

David Kaczynski: »Missing Parts«, in: *Brothers*, Hg. Andrew Blauner,
San Francisco 2010.

»Kaczynski Family Deserves Better«, *The Times-Union* (Albany, NY),
30. 05. 2011.

»A Tale of Two Brothers«, *Rochester Democrat and Chronicle*
(New York), 14. 04. 2010.

»Unabomber's Brother to Discuss Mental Illness«, *Rochester Democrat and Chronicle* (New York), 14.04.2010.

»›If I Did Nothing, a Bomb Might Go Off‹«, *The Guardian*, 15.09.2009.

»The Unabomber's Brother Tells His Story«, *National Public Radio*, 30.05.2009.

»Students Hear From Unabomber's Brother«, *US Fed News*, 11.10.2007.

»Sins of the Brother«, *Weekend Australian*, 20.05.2006.

»His Brother's Keeper«, *The Washington Post*, 15.07.2001.

»David Kaczynski Knows How Jared Loughner's Family Feels«, *Aol News*, 14.01.2011.

www.davidkaczynski.com

Marcus Kasner

Jacqueline Boysen: *Angela Merkel. Eine Karriere*, Berlin 2005.

Gerd Langguth: *Angela Merkel*, München 2005.

»Haltungstipps«, *Rheinische Post Düsseldorf*, 19.09.2009.

»Marcus Kasner in drei Daten«, *Tageszeitung*, 24.08.2005.

»Der Bruder der Kandidatin«, *Frankfurter Allgemeine Sonntagszeitung*, 14.08.2005.

»Bei Merkels unterm Sofa«, *Focus Magazin*, 05.07.2004.

Yeslam bin Laden

Roland Jacquard: *Die Akte Osama Bin Laden*, Berlin 2001.

Carmen Bin Ladin: *Der zerrissene Schleier*, München 2003.

»Meet the Other Bin Ladens«, *Daily Mail*, 30.04.2011.

»Bin Laden Brother Under Investigation«, *UPI*, 14.11.2005.

»Half Brother Vows to Pay for Bin Laden's Defence«, *PNG Post-Courier*, 05.07.2005.

»Behind the Bin Laden Veil«, *The Sunday Independent* (Irland), 05.09.2004.

»When Osama Stepped Into a Room You Felt it‹«, *Manchester Guardian Weekly*, 06.08.2004.

»Osama Kin's Flick Hits New York, Sets Off Reel Rage«, *Daily News* (New York), 27.05.2004.

»Bin Laden's Brother in Geneva«, *Intelligence Online*, 20.09.2001.
»Bin Laden's Family: Where Are They Now?«, www.news.yahoo.com,
   06.05.2011.
»What Led Osama to Become the Man He Was«, www.todaysthv.com,
   02.05.2011.
»10 Questions for Yeslam Bin Ladin«, www.time.com/time/magazine,
   31.10.2004.
»Bin Laden Half-Brother Breaks Silence«, www.msnbc.msn.com,
   07.10.2004.
»Meet the In-Laws«, www.guardian.co.uk/world, 12.07.2004.
www.yeslam.ch

Aung San Oo
»Een koningin gevangen in zichzelf kan ons niet helpen«,
   NRC Handelsblad, 24.03.2011.
»Ik beschouw wat ik heb gedaan totaal niet als een offer«,
   NRC Handelsblad, 19.03.2011.
»De erfenis«, *Het Parool*, 03.02.2001.
»Familienzwist bei Aung San Suu Kyi kommt vor Gericht«,
   AP Worldstream, 04.02.2010.
»Aung San Suu Kyi, grande absente des célébrations de la Journée
   des Martyrs«, *Agence France-Presse*, 19.07.2003.
»Menace d'expropriation, Mme Suu Kyi ne se presente pas devant
   le tribunal«, *Agence France-Presse*, 21.11.2000.
»Birmanie-opposition«, *Agence France-Presse*, 16.11.2000.
»Suu Kyi Property Suit Delayed Again by Myanmar Court«,
   Agence France-Presse, 26.12.2003.
»Suu Kyi's Lawyer Says Property Lawsuit for House Ownership Flawed«
   AP Worldstream, August 2001.
»Aung San Suu Kyi Eviction Suit Drags On in Myanmar Court«,
   Agence France-Presse, 25.06.2001.
»Aung San Suu Kyi Faces New Eviction Threat From Yangon Home«,
   Agence France-Presse, 06.04.2001.
»Brother of Myanmar Opposition Leader Renews Legal Battle for
   Her House«, *AP Worldstream*, 06.04.2001.

»Aung San Suu Kyi's Legal Team Launches Defence in Property Suit«,
  Agence France-Presse, 27.11.2000.
»Brother Sues Myanmar's Suu Kyi for Half of House«, *AP Worldstream*,
  15.11.2000.
»Suu Kyi's Estranged Brother Arrives in Rangoon for Memorial«,
  AP Worldstream, 10.07.1997.
»Myanmar's Suu Kyi May Lose Home«, www.cnn.com, 23.10.2001.

Mona Simpson
Jeffrey S. Young, William L. Simon: *Steve Jobs. Die Erfolgsgeschichte
  von Apple*, Frankfurt a.M. 2005.
Alan Deutschman: *Das unglaubliche Comeback des Steve Jobs*,
  Frankfurt a.M. 2001.
»Steve bepaalt ook wat je bij Apple eet«, *NRC Handelsblad*, 10.05.2011.
»Apple nu waardevolste merknaam ter wereld«, *nrc.next*, 10.05.2011.
»Apple-baas Steve Jobs en de iPad 2«, *nrc.next*, 04.03.2011.
»Het Steve Jobs-effect«, *nrc.next*, 19.01.2011.
»De nieuwe iPods van Steve«, *nrc.next*, 12.09.2008.
»Tech Chronicles«, *The San Francisco Chronicle*, 28.03.2006.
»Apple Computer Mogul's Roots Tied to Green Bay«,
  Green Bay Press-Gazette, 04.12.2005.
»The Road Home«, *StarTribune*, 29.10.2000.
»Dreams Chained in Place Restrain a Pair of Lives«,
  The New York Times, 20.10.2000.
»Apple Founder May Be Insecure at Core«, *Irish Times*, 06.10.2000.
»Best of the West Author Mona Simpson Honored for Her
  Western Insights«, *Rocky Mountain News*, 07.04.1997.
»A Remarkable But Shallow ›Regular Guy‹«, *USA Today*, 07.01.1997.
»A Child's Crusade to Win Over Daddy«, *The Record*, 15.12.1996.
»Mona Simpson's Family Values«, *Los Angeles Times Magazine*,
  17.11.1996.
»Novelist Simpson Dodges Questions About Her Famous Brother«,
  Denver Post, 17.11.1996.
»Search for Lost Father Rich in Characterization«, *Denver Post*,
  17.11.1996.

»Papa Was A Gazillionaire«, *Time*, 04.11.1996.
»Interest in Mona Simpson's Life Bewilders Her«, *Seattle Post-Intelligencer*, 02.11.1996.
»The Lost Daughter«, *The Boston Globe*, 27.10.1996.
»Money Can't Buy You Love«, *Los Angeles Times*, 06.10.1996.

Billy Carter
Jimmy Carter: *Keeping Faith. Memoirs of a President*, London 1982.
Ruth Carter Stapleton: *Brother Billy*, New York 1978.
»Historic Status for Billy's Gas Station?«, *The Boston Globe*, 18.11.2009.
»Museum Honors Billy Carter«, *Mobile Register* (Alabama), 04.11.2008.
»Carter Museum Recalls Extraordinary Time of Ordinary Man«,
    AP State & Local Wire, 03.05.2008.
»Clothing Exhibit to Feature Billy Carter's Wardrobe«,
    Americus Times-Recorder (Georgia), 27.03.2008.
»›Billy Was Just A Country Boy‹«, *The Jersey Journal*, 07.03.2008.
»Do ›Billy Beer‹ Cans Have Any Value?«, *Pembroke Daily Observer*
    (Ontario), 08.02.2008.
»Redneck Power! Billy Carter's Pickup on eBay«, *Jalopnik*, 22.06.2006.
»Billy Carter's Son Wants to Set the Record Straight«, *Cox News Service*,
    18.11.1999.
»I Am My Father's Son‹«, *The Tennessean*, 06.10.1999.
»Bill's Due«, *The Spokesman-Review* (Washington State), 07.09.1999.
»Billy Carter's Wife to Discuss Drinking«, *St. Petersburg Times* (Florida),
    22.07.1990.
»Billy Carter: Sobriety, Cancer & Courage«, *Alcoholism & Addiction
    Magazine*, 01.10.1988.
»Appreciaton«, *The Washington Post*, 27.09.1988.
»Billy Carter is Dead of Cancer at 51«, *Los Angeles Times*, 26.09.1988.
»Billy Carter Dies of Cancer at 51«, *The New York Times*, 26.09.1988.

Elisabeth Nietzsche
Ben Macintyre: *Vergessenes Vaterland*, Leipzig 1994.
Curt Paul Janz: *Friedrich Nietzsche. Biographie*, München 1978/1979.
»Rêve aryen brisé au fond de la jungle«, *Le Temps*, 12.12.2009.

Rezension des Theaterstücks *Ik ben Nietzsche!*, TC Tubantia, 09.04.2009.

»Plants and Ghosts«, *African American Review*, 22.03.2002.

»Vrouwenoverschot richt arisch Utopia te gronde«, *De Volkskrant*, 10.08.1998.

»Une folie aryenne«, *Le Monde*, 02.03.1998.

»›Valse zuster‹ had grote invloed op Nietzsche«, *Trouw*, 21.04.1994.

»Nietzsche's Perverted Inheritance«, *Manchester Guardian Weekly*, 19.04.1992.

»Elisabeth Nietzsche; Een dodelijke combinatie van domheid en wilskracht«, *NRC Handelsblad*, 18.04.1992.

»Faith in the Farther Land«, *The Guardian*, 29.04.1989.

Rudy Clay

Muhammad Ali: *Mit dem Herzen eines Schmetterlings*, München 2005.

David Remnick: *King Of The World*, Berlin 2009.

Thomas Hauser: *Muhammad Ali. His Life And Times*, New York 1992.

Muhammad Ali, Richard Durham: *Der Größte. Meine Geschichte*, München 1982.

Angelo Dundee, Bert Randolph Sugar: *My View From the Corner. A Life in Boxing*, New York 2009.

»Speech voor de grootste bokser ooit«, *nrc.next*, 20.03.2007.

»Ali's Brother Hungry for Cash«, *Sunday Telegraph*, 05.10.1997.

»Ali Biography Shows Fancy Footwork«, *Chicago Tribune*, 08.10.1991.

www.boxrec.com (Boxresultate Rahaman Ali).

Paula Hitler

Ian Kershaw: Hitler. 1889–1945, München 2009.

James Cross Giblin: *The Life and Death of Adolf Hitler*, New York 2002.

Marc Vermeeren: *De jeugd van Adolf Hitler*, Soesterberg 2007.

»Three Quiet Brothers on Long Island, All of Them Related to Hitler«, *The New York Times*, 24.04.2006.

»De familie Hitler«, *Trouw*, 12.08.2005.

»Nieuw licht op Adolf Hitlers moordmachine«, *Rotterdams Dagblad*, 06.08.2005.

»Ook Paula Hitler was niet onschuldig«, *Algemeen Dagblad*, 05. 08. 2005.
»Don't Mention the Relatives«, *The Evening Standard*, 05. 02. 2002.
»Who Do You Think You Are Kidding, Mr Hitler?«, *The Independent*,
    21. 07. 2000.
»Hitler's Niece«, www.salon.com, 25. 08. 1999.
Verhöre Paula Hitler in Berchtesgaden, www.shoah.dk, 12. 07. 1945
    und 05. 06. 1946.

Roberto Escobar
Roberto Escobar: *Escobar. Drugs. Guns. Money. Power. The Inside Story
    of Pablo Escobar, the World's Most Powerful Criminal*, London 2008.
Nico Verbeek: *Pablo Escobar, de zoektocht naar de man achter de mythe*,
    Amsterdam 2006.
»A Twist on Cocaine Excesses«, *Canberra Times*, 04. 05. 2009.
»Tricks of the Trade«, *The Sunday Times*, 05. 04. 2009.
»Drug-Dealing Brothers in Arms«, *The Miami Herald*, 24. 03. 2009.
»Remorse is Not on This Balance Sheet«, *Los Angeles Times*, 25. 02. 2009.
»My Brother, Brilliant Villain of Medellín«, *The Independent*, 02. 01. 2001.
»Pablo Escobar's Brother Roberto Seriously Wounded by Letter Bomb
    While in Jail«, *BBC Monitoring Service*, 20. 12. 1993.
»Roberto Escobar, No. 2 Leader of Medellín Cartel, Surrenders«,
    Associated Press, 21. 06. 1991.
»Así es la vida de Roberto Escobar, el hermano de Pablo Escobar«,
    El Tiempo, 13. 12. 2010.

Christopher Ciccone
Christopher Ciccone: *Meine Schwester Madonna und ich*, Berlin 2008.
Randy Taraborrelli: *Madonna. Van Idool Tot Icoon*, Utrecht 2008.
»Madonna's Brother Eyes ›American Idol‹ Seat«, *The Telegraph* (Illinois),
    15. 04. 2010.
»Madonna's Catty Brother: My Sis Doesn't Look So Hot«,
    The New Zealand Herald, 18. 09. 2009.
»Madonna's vuile was«, *Algemeen Dagblad*, 25. 02. 2009.
»The Interview: Christopher Ciccone«, *The Observer*, 04. 01. 2009.
»Aan Madonna verslaafd«, *De Telegraaf*, 23. 09. 2008.

»It's a Madge Madge World«, *The New York Post*, 20.07.2008.

»Madonna's Worst Nightmare«, *The Sunday Independent* (Irland), 20.07.2008.

»If Anyone Wants to Have Guy, He'll Be in My Room Later …«, *The Mirror*, 12.07.2008.

»Material Brother«, *The New York Post*, 15.09.1999.

www.christophergciccone.com

Lothar Vosseler

»In Gerhards schaduw«, *De Volkskrant*, 14.12.2004.

»Broertje Schröder: ›Ik ben er ook nog!‹«, *Rotterdams Dagblad*, 07.12.2004.

»›Geen commentaar.‹ Kanzler op boek halfbroer over hem«, *Rotterdams Dagblad*, 12.12.2004.

»De bondskanselier pikte steeds alle gehaktballen«, *Algemeen Dagblad*, 10.11.2004.

»Germans Resist Cutting the Dole«, *International Herald Tribune*, 16.08.2002.

»Leven van Schröders verwordt tot soap«, *Algemeen Dagblad*, 23.02.2002.

»Schröders imago van familieman vertoont krasjes«, *De Volkskrant*, 19.02.2002.

»Die Konjunktur schmiert ab«, *Der Spiegel*, 18.06.2001.

»Guck mal, der Gerd«, *Der Spiegel*, 06.12.1999.

»Schröder's Long-Lost Brother on the Dole«, *The Sunday Times*, 13.06.1999.

»Why Germany is Still Smiling«, *The Evening Standard*, 26.06.2001.

»Schröder Sibling Joins Reality TV Show«, www.dw-world.de, 18.04.2004.

Leon Hendrix

Keith Shadwick: *Jimi Hendrix. Musician*, San Francisco 2003.

Charles Shaar Murray: *Jimi Hendrix*, Utrecht 1990.

Charles Cross: *Jimi Hendrix. Hinter den Spiegeln*, Höfen 2006.

»This Ganuck is on Fire Again«, *The Globe and Mail* (Canada), 27.02.2010.

»Jimi Hendrix Childhood Home Dismantled in Wash«, *Associated Press*, 31.03.2009.

»Leon Hendrix is a Voodoo Child«, *Houston Press*, 05.03.2009.

»He Ain't Not Heavy«, *Riverfront Times* (Missouri), 04.03.2009.

»Dad Was Wrong About Jimi, But What About Little Bro?«, *The News Tribune* (Washington State), 19.09.2008.

»Jimi Hendrix's Little Brother Recalls Life on the Road With the Rock Legend«, *Bring the Noise*, 18.09.2008.

»Siblings Fight Over Jimi Hendrix Image«, *UPI*, 12.07.2008.

»The Hendrix House of Trash«, *Seattle Weekly*, 21.11.2007.

»Ruling Freezes Brother Out of Jimi Hendrix's Estate«, *The Seattle Times*, 07.06.2007.

»Jimi Hendrix Half-Brother Loses Another Court Battle«, *AP State & Local Wire*, 07.06.2007.

»Jimi Hendrix's Stepsister Over Vodka Label Image«, *Belleville News-Democrat* (Illinois), 08.03.2007.

»Late Rock Star's Stepsister Files Suit Targeting Hendrix Vodka«, *The Seattle Times*, 07.03.2007.

»Hendrix's Brother Leon Heeds Call of Guitar«, *Chicago Sun-Times*, 09.11.2006.

»Hendrix Visited Brother in His Dreams«, *WENN Entertainment News Wire Service*, 09.11.2006.

»Hendrix Happenings: Brother Preps CD, Film Moving Along«, *Vnu Entertainment News Wire*, 08.11.2006.

»Are You Experienced – In Litigation?«, *The Oregonian* (Portland, Oregon), 15.09.2006.

»Jimi Hendrix's House Has a New Experience«, *The New York Times*, 12.09.2005.

»Ax in Hand, a Hendrix Sings of Jimi's Legacy«, *The New York Times*, 23.04.2005.

Lady Sarah Spencer
Sarah Bradford: *Diana*, Amsterdam 2006.

Simone Simmons: *Diana. Worte des Herzens*, München 2006.

P. D. Jephson: *Shadows of a Princess*, New York 2000.

Julie Burchill: *Diana*, Hamburg 1998.

»A Lesson In Loss«, *People Magazine*, 31.08.1998.

»Another Pounds 3m for More Legal Bills … I Do Not Think It's Right«,
   The Sunday Mirror, 12.07.1998.

»Sister's Keepers Facing a Firestorm of Criticism«, *People Magazine*,
   18.05.1998.

»Are Diana's ›Blood Family‹ Doing All They Can?«, *People Magazine*,
   29.12.1997.

»From a Funeral Tribute to Top of the Charts in Only Eight Days«,
   The Evening Standard, 10.09.1997.

»Lady Sarah McCorquodale, Sister of Diana, Princess of Wales,
   Becomes a Master of the Hunt«, *The Telegraph*, 19.03.2010.

www.theworkcontinues.org

Salvador Dalí

Salvador Dalí: *Dali sagt … Tagebuch eines Genies*, München 1968.

Salvador Dalí: *Mijn Impressies En Persoonlijke Herinneringen*,
   Leiden 1995.

Meryle Secrest: *Salvador Dalí. The Surrealist Jester*, London 1986.

»Reflections Through a Surrealistic Eye: Dalí and the Camera«,
   The New York Times, 27.06.2008.

»Salvador Dalí Museum Offers a Peek into Dalí's Life«, *US Fed News*,
   09.01.2007.

»A Brazen Visionary With a Surreal Self«, *The New York Times*,
   18.02.2005.

»Traffic Jams Around Paintings: Trying to Understand Dalí«,
   The New York Times, 20.02.2000.

»Double Dalí«, *Pittsburgh Post-Gazette* (Pennsylvania), 18.06.1998.

»›Portrait‹ Depicts Dalí's Own Confused Identity«, *Tampa Tribune*,
   07.12.1995.

»Anna María Dalí, hermana de Salvador Dalí«, *El Pais*, 17.05.1989.

www.dali-gallery.com/thedali.org/salva-dor-dali.org/dali-salvador.nl

Jackie Callas

Nicholas Petsalis-Diomides: *The Unknown Callas. The Greek Years*,
Portland 2001.

Robert Sutherland: *Maria Callas. Diaries of a Friendship*, London 1999.

Arianna Stassinopoulos: *Maria Callas*, Amsterdam 1996.

Michael Scott: *Maria Meneghini Callas*, New York 1991.

»Given in Love, Sold in Anonymity«, *National Post* (Canada), 16. 11. 2004.

»Note of Dissent on Callas Jewels Sale«, *The Australian*, 25. 10. 2004.

»Nurturing a Legend«, *St. Petersburg Times* (Florida), 06. 08. 2002.

»Final Tour for Maria Callas«, *Chicago Tribune*, 25. 07. 2000.

»Once Again Callas' Fans Can Bid Her Farewell«, *The New York Times*,
11. 07. 2000.

Alan Lewens: *Maria Callas. Life and Art*, Picture Music International
(Dokumentarfilm 1999).

Larry Jordan

David Halberstam: *Playing for Keeps. Michael Jordan and the World
He Made*, New York 1999.

»Eerbetoon aan enige nummer 23«, *NRC Handelsblad*, 05. 03. 2010.

»Jordan, de wereld mist hem nu al«, *Algemeen Dagblad*, 16. 01. 1999.

»Jordan verbetert NBA-record«, *NRC Handelsblad*, 31. 12. 1997.

»Bedevaart naar His Royal Airness«, *Algemeen Dagblad*, 20. 10. 1997.

»Jordan zet kroon op zeven vette jaren voor Bulls«, *De Volkskrant*,
16. 06. 1997.

»De liefde tussen Jordan en North Carolina«, *Algemeen Dagblad*,
27. 12. 1996.

»›Air Jordan‹ wil met Chicago Bulls oude tijden doen herleven«,
De Volkskrant, 04. 11. 1995.

»Koning Jordan vliegt nog een keer door Chicago Stadium«,
De Volkskrant, 12. 09. 1994.

»Onder de basket komt het beest tot leven«, *NRC Handelsblad*,
30. 12. 1991.

»If Jordan Can't Make It, Ask for Brother Larry«, *Newsday* (New York),
12. 03. 1989.

»Another Jordan Hopes Career Takes Flight«, *Chicago Tribune*,
  13. 12. 1987.
Larry Jordan vs Michael Jordan, www.youtube.com/watch?v=jdOU--nZ-
  k4M.

Marvin »Buck« Barrow
Blanche Caldwell Barrow: *My Life With Bonnie & Clyde*, Norman 2004.
John Treherne: *The Strange History of Bonnie and Clyde*, New York
  2000.
»When All Your In-Laws Turn Out to Be Outlaws«,
  Austin American-Statesman, 17. 10. 2004.
»Animosity Undermined the Barrow Brothers' Relationship«,
  The Dallas Morning News, 08. 06. 2003.
»Diary of Outlaw's Wife Shown«, *The Washington Times*, 18. 04. 2001.
www.texashistory.unt.edu
Arthur Penn: *Bonnie and Clyde*, Warner (Spielfilm, 1967).

June Nicholson
Patrick McGilligan: *Jack's Life*, London 1994.
»Jack's Dead Sis Rift Ends«, *Mirror*, 30. 11. 2006.
»Alles over Jack Nicholson, en toch weinig«, *De Volkskrant*, 16. 12. 2000.
»Don Juan's Mothers«, *The Australian*, 27. 12. 2004.
»Nicholson's ›Sister‹ Was His Mother«, *Daily Mail* (London),
  02. 03. 1994.
»Rokkenjager en rasacteur«, *Algemeen Dagblad*, 07. 11. 1991.
»Yes, Sir, That's My Baby«, *The Advertiser*, 23. 06. 1990.
www.jack-nicholson.info

Katharine Wright
T. A. Heppenheimer: *First Flight. The Wright Brothers and the Invention
  of the Airplane*, Hoboken 2003.
Fred E. C. Culick: *Den Himmel stürmen. Die Gebrüder Wright und
  der Wettlauf um den ersten Motorflug*, München 2001.
Harry B. Combs: *Kill Devil Hill. The Epic of the Wright Brothers*,
  London 1980.

»The Wright Sister«, *History Lessons*, 02.03.2009.
»The Wright Stuff«, *Chicago Tribune*, 09.03.2008.
»Letters of the Wright Brothers«, *Air Power History*, 22.06.2006.
»My Flying Machine«, *Technology and Children*, 01.05.2006.
»Own a Piece History«, *Dayton Daily News* (Ohio), 05.07.2003.
»Wright Brother's Grave-Keeper Girding for Visitors«, *AP State & Local Wire*, 18.04.2003.
»100 Years of Flight«, *Palladium-Item* (Indiana), 03.03.2003.
www.nasm.si.edu/wrightbrothers/who/1859/katharine.cfm
www.thewrightbrothers.org/others.html
www.wright-brothers.org
www.naa.aero/html/awards

Georg Ratzinger
Kurt Martens: *Van Ratzinger tot Benedictus XVI.*, Leuven 2005.
»What to Watch Tonight«, *The Daily Telegraph*, 15.09.2010.
»Refusal of Resignations Serves to Protect Church«, *The Irish Times*, 14.08.2010.
»A Chronology of Five Years. Pope Benedict XVI Has Already Left a Mark on the Church«, *Catholic Insight*, 01.06.2010.
»Take One Singing Pope …«, *The Times*, 28.11.2009.
»Pope Breezes Through First Health Care Scare: A Broken Wrist«, *Manila Bulletin* (Philippinen), 18.07.2009.
»Pope Chooses Val d'Aosta for Summer Break«, *ANSA English Corporate News Service*, 05.06.2009.
»Pope's Brother: Angela Merkel is Stupid«, *Digital Journal*, 04.02.2009.
»Pope's Brother Birthday Celebration«, *The Advertiser* (Australien), 19.01.2009.
»Anger Over Party for Pope's Brother«, *The Independent*, 28.10.2008.
»Pope Benedict is Living Out Old Age Calmly«, *The Times & Transcript* (New Brunswick), 23.08.2008.
»Moving Visit to Parents' Grave«, *The Daily Telegraph* (Australien), 15.09.2006.
»Pope Wraps Up 6-Day Trip to Bavaria That Was More Than Just Nostalgia«, *AP Worldstream*, 15.09.2006.

»Pope's Brother Georg Ratzinger Looking Forward to Benedict's Brief
    Return to Old Haunts«, *AP Worldstream*, 01. 09. 2006.
»Pope's Older Brother Featured at a Concert in the Pontiff's Honor«,
    AP Worldstream, 20. 10. 2005.
»In German Town, Benedict XVI Known for Love of Cats, Conversation«,
    Knight Ridder Washington Bureau, 01. 07. 2005.
»Brother Defends Pope's Youth in Germany«, *Jersey Journal*, 27. 04. 2005.
»Pope's Family Saw Hitler as Enemy«, *Chicago Tribune*, 25. 04. 2005.
»New Pope Made Risky Choices in Bavarian Town During World War II«,
    Associated Press, 23. 04. 2005.
»A Soft Side to Sharp Words«, *International Herald Tribune*, 23. 04. 2005.
»›I'm Scared My Brother's Health is Too Fragile for the Papacy‹«,
    The Daily Telegraph, 22. 04. 2005.
»The Other Rev. Ratzinger Speaks«, *Belleville News-Democrat*,
    21. 04. 2005.
»Georg Ratzinger besucht seinen Bruder«, Bayern 1 – Mittags in …,
    Bayerischer Rundfunk, 29. 12. 2014.

Jack Churchill

Celia und John Lee: *Winston & Jack. The Churchill Brothers*,
    London 2007.
Ingrid Baraitre: *Churchill*, Tielt 2009.
Sebastian Haffner: *Winston Churchill*, Reinbek 2002.
»A Feat of Eden«, *Mail on Sunday* (London), 06. 01. 2008.
»Churchill's Irish Brother«, *The Irish Times*, 16. 11. 2007.
»Churchill's Secret Brother«, *The Express*, 01. 11. 2007.
»Revealed: Churchill's ›Secret‹ Brother«, *The Daily Telegraph* (London),
    31. 10. 2007.
www.winstonchurchill.org

Berniece Baker

Berniece Baker Miracle: *Mijn zus Marilyn. Herinneringen aan Marilyn
    Monroe*, Baarn 1994.
Donald Spoto: *Marilyn Monroe. Die Biographie*, München 1995.

»›My Sister Marilyn.‹ Fine as a Sedative«, *The Sunday Oregonian*,
    12.06.1994.
»Marilyn the Secret Sister«, *Daily Mail*, 04.06.1994.
»Marilyn's Sis Says Sexpot a Sweetie«, *USA Today*, 19.04.1994.
»Marilyn Monroe's Half-Sister, Niece Discuss New Book«, *CNN*,
    21.07.1994.

Ottla Kafka

Richard H. Lawson: *Franz Kafka*, New York 1987.
Franz Kafka: *Briefe an Ottla und die Familie*, Frankfurt a. M. 2011.
Franz Kafka: *Die Briefe*, Frankfurt a. M. 2005.
»Brieven Kafka en zus naar Oxford en Marbach«, *NRC Handelsblad*,
    05.04.2011.
»Mütterchen mit Krallen‹«, *Welt am Sonntag*, 14.04.2002.
»Kafkas Nichte«, *Neue Zürcher Zeitung*, 09.02.2001.
»Zum Abschied eine Nacktpostkarte«, *Neue Zürcher Zeitung*,
    27.10.1997.
»Kafka's ›Trial‹ is Ours«, *The Washington Post*, 15.01.1989.
»Kafka's Library Found in Germany«, *The New York Times*, 11.01.1983.
»A Key to Unknown Rooms«, *Newsweek*, 01.02.1982.
»A Life as Strange as the Work«, *The New York Times*, 17.01.1982.

Cornelia Goethe

Herman Friedrich Grimm: *Goethe. Leven en werk*, Rotterdam 1981.
Hilde Höllerer-März: *Johann Wolfgang Goethe*, Salzburg 1980.
»Autoren-Akademie feiert Jubiläum in Heiligendamm«, *Ostsee-Zeitung*,
    26.06.2009.
»Vor einem neuen Feminismus«, *Frankfurter Rundschau*, 09.06.2007.
»Vergessene Schwester«, *Frankfurter Rundschau*, 08.03.2006.
»›Weder beteutend noch schön‹ – Goethes Schwester Cornelia im
    Mittelpunkt einer Ausstellung des Frankfurter Goethehauses«,
    Allgemeiner Deutscher Nachrichtendienst, 24.11.2000.
www.uni-frankfurt.de
www.cgc.uni-frankfurt.de

Maja Einstein

Walter Isaacson: *Einstein. De Biografie*, Amsterdam 2007.

Franziska Rogger: *Einsteins Schwester*, Zürich 2005.

Jürgen Neffe: *Einstein. Eine Biographie*, Reinbek 2006.

Albert Einstein: *Mijn Kijk Op Het Leven*, Amsterdam 1990.

»Einsteins Schwester«, *Frankfurter Rundschau*, 17.11.2006.

www.einstein-website.de

Übrige Quellen

Joseph Ratzinger, Benedikt XVI: *Die christliche Brüderlichkeit*,
  München 2006.

Marcel Rufo: *Geschwisterliebe – Geschwisterhass*, München 2004.

Peter Gay: *Freud. Eine Biographie für unsere Zeit*, Frankfurt a. M. 2006.

Abram De Swaan: *De draagbare De Swaan*, Amsterdam 2008.

Frank J. Sulloway: *Der Rebell der Familie*, München 1997.

Douglas W. Mock, Geoffrey A. Parker: *The Evolution of Sibling Rivalry*,
  New York 1997.

Judy Dunn, Robert Plomin: *Warum Geschwister so verschieden sind*,
  Stuttgart 1996.

Leo Braudy: *The Frenzy of Renown*, New York 1997.

Brian Sutton-Smith, B. G. Rosenberg: *The Sibling*, New York 1970.

»Oh Brother!«, *Psychology Today*, 01.07.2010.

»Wapenfabrikant met een slecht geweten«, *NRC Handelsblad*,
  04.10.2001.

»Directeur in witte overall; Mari Storm, 1918–2010«, *Vrij Nederland*,
  04.12.2010.

www.mtv.com/shows/i_want_a_famous_face-2/episodes.jhtml

www.celebrityimpersonators.com

www.nobelprize.org

www.sulloway.org

www.historyguide.org/europe/freud_discontents.html

BILDNACHWEISE

DER AUTOR

Ingmar Vriesema wurde 1980 geboren, studierte Sozialwissenschaften und Journalismus und ist seit 2006 Redakteur bei der niederländischen Tageszeitung *NRC Handelsblad*. Er lebt in Amsterdam und hat einen Bruder und eine Schwester.